Eve-Marie Zizza-Lalu

Bocuse malgré moi

Stock

Ouvrage publié avec le concours de Florence Sultan

Photo de bande : © Patricia Zizza

ISBN 978-2-234-09635-6

À ma mère

« Elle était à l'âge où toutes les histoires sont vraies, et où toutes les idées sont des histoires. L'actuel était absolu, le présent seul existait. »

Henry James, *Ce que savait Maisie*

Quand j'ai entendu sa respiration au bout de la ligne et sa voix étrangement serrée, j'ai su que c'était maintenant. Ce moment impossible et impensable était arrivé. Ma mère m'appelait pour m'annoncer la nouvelle. J'étais dans la salle d'attente du cours Florent, où je venais de déposer mon fils. Je suis sortie dans la cour pour chercher un lieu protégé des regards. Elle a prononcé dans un souffle *ça y est, c'est fini.* Je me suis engagée instinctivement dans le hall de l'immeuble voisin pour trouver les mots. L'humidité des murs qui suintaient la décrépitude m'a saisie. Je l'ai écoutée en acquiesçant doucement pour ne pas froisser sa confidence. Et en fixant cet escalier chancelant qui montait vers nulle part, j'ai cherché l'émotion. Tout était sale dehors, tout était blanc en moi. Mat et vierge comme le silence. J'ai écouté les détails de « son départ ». J'ai regardé les lignes qui fissuraient les murs, les bouffissures de la peinture qui éclatait par endroits, les marches râpées, les graffitis obscènes et, de nouveau, j'ai cherché au plus profond de moi un élan de compassion. Toujours rien. Tout était propre et net à l'intérieur. Un temple japonais détaché du monde. Cette sérénité, cette maîtrise absolue avait quelque chose d'angoissant. Mes mots, pourtant, étaient là pour maman. Personne d'autre que moi ne pouvait mieux la comprendre. J'avais cette connaissance intime de tout ce qu'ils se devaient l'un à l'autre. Comment pouvait-elle pleurer autant de le perdre alors qu'elle avait tant soupiré en sa présence ? Je pensais à la phrase de Corneille qu'elle aimait prononcer pour éclairer leur relation : « Il m'a fait tant de mal que je ne peux en dire du bien. Mais il m'a fait tellement de bien que je ne peux en dire du mal. » Cette douleur l'avait construite et lui arracher était une nouvelle souffrance. Il allait falloir vivre autrement, sans cette force antagoniste, ce bourreau qu'elle s'était choisi pour fuir les démons de son enfance. Un bouc émissaire du malheur.

Son récit s'est poursuivi. Je saisissais l'importance pour ma mère de dérouler précisément l'enchaînement des faits qui conduisent à la fin. Comme s'il était plus facile de comprendre l'absurdité de la mort en détaillant les instants qui la précèdent. Sans doute pour percer le mystère de cette bascule entre ce qui est et ce qui n'est plus. Elle me parle d'Ikram, son aide-soignante, qui était là au petit matin pour l'accompagner. La préférée de Paul, celle qui lui a rendu les deux dernières années plus vivables, alors qu'il ne quittait quasiment plus la pièce aménagée au rez-de-chaussée de son restaurant, juste en face des cuisines. Les flux s'étaient inversés. Il n'allait plus au monde, le monde venait à lui. J'imagine la scène, le regard implorant de Paul qui sent la fin approcher. Ikram lui tenant la main pour l'aider à passer de l'autre côté. Et tout à coup, c'est l'homme que j'ai décrit dans *Le Feu sacré* qui surgit. Paul Bocuse, Monsieur Paul, ce personnage romanesque, généreux, truculent, blagueur, provocateur, drôle, érigé en une légende que moi aussi j'ai contribué à installer. Mon empathie naturelle, l'empathie de celle qu'il a qualifiée de biographe officielle, lutte avec la mémoire de l'enfant que je ne veux pas tromper. Qui est-il pour moi ? Je n'ai jamais voulu répondre à la question. Je n'ai jamais osé affronter le problème. Trop compliqué. Pas faire de vagues, rester polie, pas mordre la main qui m'a nourrie. Combien de fois les gens m'ont prise pour sa fille cachée. Sinon pour sa belle-fille. Je ne suis ni l'une ni l'autre. Je veux qu'on le sache, je veux le dire. Je suis la fille de la femme avec qui il n'a jamais vécu. La fille de la femme qu'il a fait souffrir. Comme les autres. Plus que les autres ?

Ma mère a évoqué la date probable de l'enterrement. On en saura plus dans quelques jours. J'ai marché jusqu'à la brasserie qui fait l'angle de l'avenue Jean-Jaurès. Je ne voulais pas aller au café où j'avais mes habitudes du mercredi. J'avais besoin d'avancer, de secouer quelque chose en moi pour tout remettre en place. Il emportait un pan de ma vie avec lui dans la tombe. Tout ce passé qui m'avait façonnée, je ne pouvais pas le laisser partir comme ça. Il y avait aussi une sorte d'excitation douloureuse que je sentais fourmiller dans mes tripes. Il n'était plus là. J'ai ri, je crois. D'un rire de folle venu d'un autre âge. Et aussitôt, j'ai pensé : Personne n'a le droit de rire des morts. S'il était là, au-dessus de mon épaule, à m'observer, à entrer dans ma vie d'adulte par effraction, plus vivant qu'il ne l'avait jamais été ? J'ai tendu l'oreille et je n'ai rien entendu. Il ne murmurait rien, il s'en foutait. Ou plutôt, il savait très bien que j'étais dans mon droit. Que son départ me donnait la liberté de parler.

Tant de choses ne sont pas à leur place depuis tant d'années, le statut de ma mère, mes émotions, mon rapport à la cuisine, mes choix professionnels. Et puis il y a au fond de moi, de plus en plus souvent, cette enfant perdue, écorchée, rongée par la peur d'exister, qui me demande des comptes. Cette petite fille née coupable, tordant sa colère dans tous les sens, contre elle-même, contre moi. Elle m'attend dans le silence bourdonnant des nuits d'insomnie. Ombre pâle qui me fixe de l'intérieur, comme un calque du passé, toujours prête à sourdre derrière mes paupières, avec cette question muette accrochée à ses lèvres : « Pourquoi tu m'as trahie ? »

« Un jour, tu raconteras », m'a toujours dit ma mère, comme s'il s'agissait d'un héritage précieux qu'elle me léguait, un héritage que seuls peuvent faire fructifier les gens qui aiment raconter des histoires. Un jour, oui. À condition de dire tout haut, enfin, ce que je pense tout bas : Paul Bocuse est mon ennemi d'enfance. Et les liens qui nous rattachent à nos ennemis d'enfance sont aussi indestructibles que ceux qui se tissent avec nos amis d'enfance.

Écully, septembre 1974

Maman va sortir. Je le sais. Dans ma chambre adossée à la salle de bains, j'entends tout. Mon matelas à même le sol est calé contre la mince cloison qui le sépare du lavabo. Mais ce ne sont pas les bruits du démaquillage à grande eau ni le frottement mousseux de la brosse à dents que je perçois. C'est le claquement du boîtier de fards à paupières et les mouvements secs de la brosse à cheveux en poils de sanglier. Je reconnais sans les voir les gestes énergiques de ma mère. Et puis des silences, entrecoupés de bruits légers. Ces petits chocs amortis qui annoncent les soirées clandestines. Elle doit se regarder dans le miroir, dessiner avec soin un trait d'eye-liner, lisser ses cils au mascara. Pourquoi fait-il si chaud dans ce lit de malheur ? L'oreiller est brûlant, le drap pèse des tonnes. Maman est venue m'embrasser et me dire bonne nuit en peignoir. Le peignoir, c'est le signe du départ. C'est sûr. Si elle avait décidé d'aller se coucher, elle aurait mis un tee-shirt comme d'habitude. Peur de mal faire. Est-ce que maman va se fâcher si je lui pose des questions ? Après tout, elle a le droit de sortir de temps en temps. Elle n'a pas beaucoup d'occasions pour s'amuser. Mais pourquoi faire semblant de rester alors qu'elle va partir ? Je pense au moment où la porte d'entrée va se refermer discrètement et où je vais me retrouver seule dans mon lit, pétrifiée.

« Maman, tu sors ce soir ? » Je n'ai pas pu résister. Je me suis coulée derrière ma mère qui sursaute en découvrant mon reflet dans le miroir.

« Tu m'as fait peur ! Je croyais que tu dormais !... »

Elle tourne son visage vers moi. Émerveillement de l'enfant devant sa mère femme-sirène. Je la trouve belle et longue dans son ensemble à rayures noir et blanc. Brune, frange épaisse et droite, le regard dense ourlé de cils noirs, tresse moirée glissant dans le dos. Pas de dureté dans son expression ce soir. Elle n'est pas en colère. Maman s'agenouille à ma hauteur et me prend dans ses bras. J'entre dans le sillage de son parfum. Petit animal blotti dans sa chair qui apaise.

« Tu es grande maintenant. Il ne peut rien t'arriver, tu as bientôt huit ans. Je ferme la porte à clé. Je te promets que je ne rentrerai pas tard. »

Qu'est-ce que je peux dire alors ? Trépigner, me rouler par terre, supplier ? Je suis bien trop raisonnable pour ça. Pas question de déplaire à maman, de ne pas être à la hauteur de ce courage qu'on attend de moi. Tant pis pour la panique qui suivra, peu importent les contours effrayants de l'appartement vide. Plus tard, on verra bien. Maintenant, il faut bien se tenir. Maman n'est pas encore partie. Le néon de la salle de bains grésille et projette sa lumière crue sur ma chemise de nuit à fleurs. Je suis debout, les yeux plissés et je bois le moment présent. Il n'y a rien d'autre que cet instant qui va durer éternellement.

« Tu vas où ?

– C'est un dîner avec Géraldine et des amis qu'elle veut me présenter. On va au Café du Commerce. »

Peut-être que maman va changer d'avis. Peut-être qu'en me voyant si désemparée elle va renoncer à cette soirée, se déshabiller et me border affectueusement avant de s'allonger dans sa chambre, à côté de la mienne.

« Allez ma chérie, il faut te coucher et dormir tranquillement. Je viendrai te faire un bisou dans ton sommeil. »

J'obéis. Oui c'est mieux. Parce que l'idée de fermer la porte derrière elle et de retourner me coucher seule dans mon lit est trop effrayante. Voilà ce que je me dis à ce moment-là. Me glisser dans les draps, ne plus bouger d'un millimètre et attendre que maman revienne. C'est tout.

La porte a claqué dans un bruit métallique et le verrou s'est refermé à double tour sur l'appartement désert. Ceinturée par le drap en coton au puissant parfum de lessive, lestée par le poids de la couverture, je m'enfonce dans mon lit jusqu'au sommet du crâne et je me fige. Je retiens mon souffle. Maintenant, je guette le silence. J'entends mon dialogue intérieur, je m'entends penser. Et répéter comme un mantra ces trois mots tirés d'une comptine apprise en anglais, *1, 2, 3, Stop it children, 1, 2, 3, Stop it children*. Respirer doucement. Oui, mais plus je m'impose cet exercice, plus ma respiration s'affole. J'ai trop chaud. Il faudrait sortir de ce goulot d'étranglement et prendre un tout petit peu d'air, vers le haut. Dans un réflexe de survie, je remonte d'un coup, émergeant du flot sombre, aspirant l'air comme si je venais d'échapper à la noyade. J'ouvre les yeux et découvre la qualité de la pénombre, la lueur bleutée qui vient de l'entrée, où maman a laissé la lampe allumée. Une lampe qui veille dans la nuit. C'est pire que le noir, cette présence silencieuse qui fait semblant de prendre soin de vous. Comme s'il y avait quelqu'un. Et tant qu'elle est allumée, ça veut dire que maman n'est pas rentrée. Je ne veux plus le voir ce halo de malheur. Il faudrait se lever, secouer toute cette peur qui m'a changée en pierre dans le drapé des sables mouvants. Je fais un effort pour me projeter ailleurs, en pensée. Je me promène dans la cour de l'école, trop brutale pour m'apaiser, glisse vers la salle de classe et son odeur de bureaux ankylosés, croise le visage de Mlle Charpoz, énorme et pataude, dont les joues veinées de rouge se gonflent comme des ballons chaque fois qu'elle se met en colère. Toute cette graisse débordant à l'intérieur lui donne un filet de voix ridicule. Aigu mais aiguisé. Une lame sonore toujours prête à s'abattre sur le premier élève qui a mal compris ou n'a pas terminé ses exercices. Foncièrement méchante. Pas elle. Pas maintenant. Vite une autre image. Et c'est maman que je convoque pour la remplacer. Maman dans un restaurant où je ne suis pas. Avec sa copine Géraldine et des amis. Quels amis ? Et comment est-elle, maman, loin de moi ? En chasse ? J'ai capté cette expression pleine de densité animale au cours d'une conversation. Ça me met mal à l'aise et d'ailleurs je n'y crois pas. Maman n'est pas en chasse. Il n'est pas né l'homme qui va la détrôner, sa fille chérie, sa raison de vivre. « Je n'ai que toi au monde. » Elle le dit si souvent. Pourquoi irait-elle s'encombrer d'un homme ?

Pierre, l'homme qu'elle a aimé après papa, est mort. Maintenant, quand elle rencontre un amoureux, ça ne dure pas longtemps. Il y a toujours quelque chose qui cloche. Trop sérieux, trop soucieux de son image, trop marié pour être fréquentable, trop simple pour tenir la distance, trop attaché à l'argent pour supporter d'en perdre avec une mère divorcée seule avec sa fille, trop père de famille pour accepter d'élargir le cercle, trop brouillon pour mettre les pieds dans une maison tirée au cordeau comme la nôtre, trop gentil avec elle au point d'en devenir suspect.

Nous sommes inséparables, indissociables. Mère et fille affrontant la tourmente, nouées pour toujours. Nous avons traversé le désert. Un appartement sans meubles, un matelas par terre, la cuisine au camping-gaz et les dîners à même le sol sur des serviettes en papier. Et encore, la première année du divorce de papa et maman, c'était seulement le décor d'un week-end sur deux. Car la plupart du temps, je vivais chez une voisine de mon père, une sorte de famille d'accueil à laquelle il m'avait confiée. Je ne me suis pas demandé pourquoi. Les adultes font des choix tordus qui échappent aux enfants. Des choix qui ne résisteraient pas à l'analyse, mais pour continuer à croire en l'affection qui leur permet de grandir, ils sont capables de tout leur pardonner. Mon père avait été dans l'incapacité de me garder bien qu'il ait hérité de ma garde, c'était comme ça. Cela ne changeait rien à l'amour inconditionnel que je lui portais.

Je repense à mes séjours chez Anastasia, la voisine, divorcée elle aussi, où j'avais vécu sur la pointe des pieds avec la crainte permanente de déranger. Pourtant, j'étais choyée. Je dormais dans une chambre d'amis, à côté de la chambre de ses deux filles. On jouait toutes les trois dans le jardin, on faisait des gâteaux, on se lançait dans de grandes entreprises de travaux manuels : des pompons en laine, des herbiers délicats, de la peinture avec des pommes de terre taillées en frites qui faisaient de petites taches sur une immense feuille, à la manière de Georges Seurat... Mais mon activité préférée, surtout quand les filles étaient chez leur père et que je restais avec leur maman, c'était de me transformer en chien. Dès le matin, je me mettais à quatre pattes et m'obligeais à circuler dans la maison en glissant sur les genoux. Au bout de deux heures, c'était devenu deux moignons tout rouges et douloureux. Je ne parlais plus, je grognais, j'aboyais, je suppliais doucement en faisant des yeux tristes. Anastasia entrait dans mon jeu et acceptait de me donner un biscuit à croquer, elle m'appelait même par mon nom de chien – Patapouf, comme le chien de Martine –, puis elle finissait par me gronder gentiment pour m'inciter à redevenir une petite fille. Mais je ne cédais pas, je ne jouais pas, je n'étais plus un être humain, j'« étais » réellement un chien. Ce point de vue au ras du sol me plaisait, qui me projetait dans un monde horizontal, très simple, sans paroles, sans effort de communication, sans interactions complexes. Toute mon attention était dirigée vers l'appropriation de nouveaux réflexes pour coller le plus exactement possible à cette réalité : vivre une vie animale, autocentrée, qui se suffit à elle-même. Dans la chambre des filles, il y avait un bureau en plastique lisse et blanc aux angles arrondis, avec une assise coulée dans la masse, un peu comme les maisons des Barbapapa. C'était ma niche. Quand le soleil passait à travers la vitre, une étrange lueur éclairait les fibres du matériau composite et lui donnait une coloration rosée qui semblait recréer l'intérieur d'un cocon de chair. J'étais à l'étroit, gênée aux entournures, mais je refusais de céder. Je testais ma capacité de résistance. Question d'honneur.

Oui, chez Anastasia et ses filles, j'étais de passage, tandis que là, même seule dans l'appartement de ma mère, je me sens chez moi. C'est ma chambre, je suis dans mon lit, mon lapin usé contre la poitrine. Demain, je retrouverai Isabelle. On jouera à l'élastique. Et le soir, je proposerai à Véronique de promener nos poupées dans le parc de la résidence. Je me mets à grelotter. J'ai retiré ma couverture et le drap me paraît si fin. Je me recouvre, me pelotonne contre le mur et sens le sommeil gagner sur la peur. Mon souffle s'apaise. Demain, demain… On verra.

Il est 2 heures du matin. Je dors profondément. Je rêve que je descends à toute allure la pente du parking en patins à roulettes. Dans mon sommeil, je sens les vibrations qui montent en ondes répétées à l'assaut de mes jambes. Au même moment, un 4×4 Mercedes avale le dos-d'âne, tous feux éteints, et se gare devant la petite Mini de maman. C'est une énorme voiture, haute sur roues, d'un vert militaire, qui pourrait prétendre au camouflage si la marque ne lui avait attribué tous les codes de l'ostentatoire. Comme c'est étrange de stationner là où chaque résident a sa place attitrée, dûment numérotée en blanc sur le sol goudronné. Maman a hérité du numéro 5, mais je ne suis pas là pour relever la transgression des règles. Il fait nuit noire. La portière du chauffeur claque, secouant le voile du silence. La passagère retient la sienne et fait tout pour la rendre plus coulante, presque élastique, clandestine surtout. L'homme et la femme progressent ensuite côte à côte jusqu'à l'entrée de l'immeuble et pénètrent dans la lumière blafarde qui écrase les dalles en faux marbre. Si j'étais éveillée, je découvrirais le visage de ma mère, mais je ne reconnaîtrais pas l'homme qui l'accompagne. Jamais vu, inconnu au bataillon. Lui ne sait encore rien de moi. Il ne connaît que Patricia, car c'est ainsi que ma mère se nomme. C'est le prénom qu'elle s'est donné à la majorité pour remplacer celui, trop démodé, que lui avait donné sa mère à la naissance, comme pour la punir d'être née. Patricia ne sera plus jamais Pierrette pour personne.

Patricia, donc, est tentée de monter à pied, comme elle le fait systématiquement tous les jours, plusieurs fois par jour. Elle ne manque jamais une occasion de raffermir ses cuisses. Cela fait partie des rituels qu'elle s'impose. Mais comme elle est avec lui, elle appuie sur le bouton de l'ascenseur, un bouton noir et rond en bakélite. La porte se referme. Il voudrait l'embrasser dans le cou, enfoncer sa langue dans sa bouche avec passion. La plaquer contre la paroi de l'ascenseur et lui saisir la fesse gauche d'une main tandis que de l'autre il chercherait la pince du porte-jarretelles. Oui, maman met des porte-jarretelles, à l'époque des bas Dim, elle trouve ça plus chic. Et, à n'en pas douter, plus excitant pour les hommes. Mais il se retient. Avec n'importe quelle autre femme, il n'aurait pas attendu aussi longtemps pour franchir le seuil… Avec elle, il est toujours dans la salle d'attente. L'appartement est au deuxième étage et l'ascension est de courte durée. Ils sont déjà devant la porte d'entrée. Patricia sent son cœur s'accélérer, elle prend un risque. Le risque de choquer sa fille si elle ne dort pas. Ce n'est pas le but.

C'est la première fois qu'elle se décide à venir avec un homme chez elle, en secret, alors qu'ils ne sont même pas amants. Une faiblesse de femme amoureuse peut-être. Elle veut lui montrer son bien le plus précieux, sa raison de vivre. Dans l'innocence du sommeil, sans interférence, sans réaction parasite. Elle voudrait qu'il voie sa petite merveille endormie, la finesse de ses traits, son énergie et sa candeur, peut-être même qu'il pourrait capter quelque chose de cette intransigeance qu'elle admire chez sa fille ? Évidemment, elle ne lui dit rien de tout ça. Lui est monté pour d'autres raisons, mû par la curiosité de voir où elle habite. Voir les objets qu'elle côtoie tous les jours, forcer le barrage, lui faire baisser la garde coûte que coûte. À moins qu'il ne désire tout simplement la prendre dans son appartement, s'introduire en elle chez elle, mais surtout dans sa vie pour de bon.

Ma mère préfère être prudente. Elle le guide vers la cuisine et l'invite à s'asseoir le temps de s'assurer que je dors profondément. Il se prête au jeu en jetant un œil circulaire à la pièce. Ce n'est pourtant pas dans ses habitudes de rester dans l'antichambre… Forcément, il s'interroge. Qu'est-ce qu'il fout là au juste ? Cette femme le surprend, le provoque, le toise, l'agace. Un joli bout de femme, menue, faite au moule, qui n'a pas froid aux yeux. Depuis un an, il fait tout pour se trouver sur son chemin. Mais à une époque où tout le monde couche avec tout le monde, elle n'a pas l'air pressée de passer à la casserole !

Décrypter sa cuisine. Rien ne raconte mieux les gens qu'une cuisine. La nôtre est équipée du minimum vital, il n'y a pas de cuisinière, mais un simple réchaud à gaz posé à côté de l'évier. Au centre une table de jardin est recouverte d'une toile cirée et encadrée de deux chaises pliantes. Malgré le dénuement qui trahit une installation récente avec peu de moyens, tout est parfaitement rangé, briqué avec un soin maniaque au point qu'il doit se demander si elle cuisine. Pas la moindre trace sombre autour du brûleur, le bouton est intact, aucune marque de doigt sur la porte du réfrigérateur. Ni graisse ni poussière sur l'évier en inox qui étincelle. Le sol à petits carreaux brille avec des éclats de laque. Seul signe qu'on doit tout de même manger ici, un compotier rempli, mais les fruits sont tellement bien disposés qu'ils paraissent attendre le regard du peintre pour mûrir.

Ma mère réapparaît au bon moment. Il est au seuil de l'impatience et l'apostrophe un peu fort sans réfléchir : « Dis donc, y a pas grand-chose pour cuisiner ici ? Et ça brille comme un sou neuf. On peut même se mirer dans l'évier. » Elle le saisit par le bras et lui fait signe de se taire. Elle l'entraîne dans le petit couloir qui mène à ma chambre et pousse tout doucement la porte pour le laisser entrer. Il hésite à s'avancer, pris au piège de l'instant solennel, se sentant tout à coup gauche et démesuré devant cette intimité sérieuse à laquelle il n'est pas préparé. Ses yeux s'habituent à la pénombre et distinguent, sur un matelas posé au sol, une mince silhouette collée au mur, d'où s'échappe le souffle léger de l'enfance. Une forme roulée en boule comme un petit animal. Il pense à son labrador Hardi. Dans mon sommeil, je pourrais percevoir une odeur étrangère, mélange de sous-bois et d'eau de Cologne au parfum de lavande trop appuyé, je pourrais entendre le frottement que fait le tissu quand un homme se sent impuissant, engoncé dans une veste devenue superflue. Je pourrais sentir la gêne presque inconsciente de celui qui ne sait pas comment entrer dans le cœur d'une petite fille qui n'est pas la sienne. Mais je n'entends rien. Je dors, je rêve, je me promène en pensée dans le parc de ma chère résidence où se concentrent tous mes projets, sans me douter que ce fantôme qui m'observe vient d'entrer dans la vie de ma mère. Et dans ma vie à moi, pour une durée indéterminée.

Paul Bocuse ? Connais pas. J'ai sept ans et j'ai retrouvé ma mère. C'est mon modèle, la femme que je voudrais être un jour. Je crains encore ses sautes d'humeur et les ombres qui la hantent, mais depuis que nous vivons toutes les deux, elle s'adoucit. J'apprends à mieux la connaître. Elle me consacre plus de temps qu'elle ne l'a jamais fait. Le week-end, sur le parking désert, on joue à la balle au mur. Elle me montre les jeux de son enfance. Elle sait jongler d'une seule main. Elle porte des shorts de tennis et des polos sportswear. Elle a l'air d'avoir vingt ans. On rit beaucoup. Connivence d'âmes sœurs. Je ne me doute de rien, même si ça fait des années qu'elle franchit les lignes ennemies pour rejoindre l'effrayant continent de l'amour adulte. Pas cette intimité de couple que les enfants acceptent tacitement de leurs parents parce qu'ils viennent de là, mais le monde interdit du plaisir pour le plaisir. Je ne vois pas le changement qui s'opère en elle. Tant que l'Autre n'est pas incarné, il n'existe pas. Et pourtant…

Écully, mars 1975

Ma mère s'est réveillée avec des éclats de joie pailletés dans le ventre. Ce kaléidoscope fragile et précieux qui accompagne les amours naissantes. Quelque chose de neuf est entré dans sa vie. Elle se sent légère, portée, belle sans apprêt. Elle sait qu'il faut laisser les questions en suspens, conserver la fraîcheur de l'attente, surtout ne pas penser à l'avenir. Simplement, jouer avec les images qu'elle a de lui et qu'elle invite à tour de rôle, comme on ferait rouler des galets entre les doigts. Ronds, lisses, blancs, anthracite, veinés de bleu. Un regard magnétique, profond, insondable, où elle décèle une faille, une profondeur à explorer. Des mains larges, bien proportionnées, aux ongles coupés court, elle aime cette netteté. Cette impression de puissance, la sensation de quelque chose qui le dépasse et l'incite à repousser les limites de son histoire. Parfois, il prend un air d'enfant buté et malheureux qui la désarme. Ces petits cailloux brillants tournent lentement dans la tête de ma mère tandis qu'elle époussette méthodiquement les quelques meubles et objets de son quotidien. Il est 5 h 30. Et c'est un exercice auquel elle s'astreint tous les jours. Parce que la poussière se dépose à chaque seconde de l'existence et qu'il n'est pas question d'attendre le moment où son doigt tracerait un sillon visible dans ce qui s'imposerait comme un linceul de poussière triomphant. Il faudrait alors tout recommencer à zéro. En travaillant chaque jour, un léger coup de torchon humide suffit à balayer ce duvet aérien pour retrouver la brillance originelle des surfaces. Elle n'y voit aucune contrainte, c'est un rituel qui lui permet de s'installer dans la journée avant les exercices de gymnastique de 6 heures, inspirés des mouvements toniques de Jane Fonda. Elle a même le bandeau éponge qui va avec.

Maintenant, elle empoigne son balai mécanique, une version grand format du ramasse-miettes, qui lui sert à ratisser cette moquette marronnasse qu'elle déteste et qu'elle aimerait changer un jour. Les petits cailloux continuent de rouler dans un coin de sa tête. Certains sont plus sombres que d'autres. Elle sait qu'elle les a laissés volontairement sur la grève. Les zones d'ombre de cet homme, une foule de riens qui la dérangent. Elle les chasse d'un mouvement de tête intérieur, ou mieux elle les justifie. Le cerveau humain est une incorrigible machine à construire de la cohérence. Cet homme n'a aucune culture mais il est d'une insatiable curiosité, il a un look épouvantable mais ça se travaille, il est macho mais ils le sont tous. Et son humour mordant transforme le machisme ordinaire en provocation acceptable.

Ma mère se dirige vers la salle de bains. Elle tourne la molette du petit transistor qui crachote les nouvelles du matin. Elle ne lit pas les journaux parce que ça tache les mains, mais elle transporte la radio d'une pièce à l'autre en baissant le son quand elle passe devant ma chambre. Aujourd'hui elle écoute sans entendre. Parmi des titres qui défilent, certains s'accrochent à ses pensées. Le prix de la baguette de pain vient de passer de 90 à 95 centimes. Une centaine de prostituées occupent l'église Saint-Nizier pour dénoncer la répression policière dont elles sont victimes, elles revendiquent le droit d'exercer leur métier dans des conditions décentes ; la révolte a commencé à Lyon et s'étend dans d'autres villes. La réforme du divorce est en discussion à l'Assemblée. Oui, elle sait… Le consentement mutuel, elle l'attend justement pour trancher proprement le fil avec mon père. Si seulement ce divorce enfin prononcé pouvait lui permettre de percevoir une pension alimentaire.

Elle noue un foulard autour de ses cheveux pour dégager sa frange, fait mousser le pain de savon de Marseille dans ses mains, savonne soigneusement le front, le nez, les joues, le menton, et termine par de grandes giclées d'eau glacée. Coup d'œil dans le miroir. Aujourd'hui, sa peau est naturellement rose et fraîche, ses traits reposés et détendus comme si elle sortait d'une séance de hammam. Elle sent de nouveau cette boule de joie qui bondit dans son ventre. Et toute cette douceur en elle, ce désir de contemplation infinie, cet abandon soyeux de l'âme. Amoureuse ? Sûrement pas. Amusée, charmée, flattée de susciter l'intérêt de ce type qu'on présente comme le cuisinier du siècle. Tout devrait la faire fuir pourtant, à commencer par sa réputation de dragueur invétéré et même cette aura de célébrité qui le précède partout depuis qu'on parle de lui dans les journaux. Elle qui déteste la lumière et considère la discrétion comme le comble de l'élégance… Il la poursuivait avec une ténacité dont elle ne le croyait pas capable. Lyon est une petite ville et les soirées faciles à quadriller. Partout chez lui et d'une jovialité affichée, il repérait sa voiture sur les quais et dans les rues où bruit la vie nocturne, il surgissait ici et là, avec une bouteille de champagne, une toque remplie de petits-fours ou de mignardises, et jouait les invités surprises. Tout le monde était ravi de voir cet homme reconnu, en pleine ascension, donner un éclat truculent à la soirée. Les marques d'attention qu'il lui témoignait avaient d'autant plus de prix. Elle prenait tout ça avec une distance amusée, une forme de dérision destinée à lui faire comprendre qu'elle n'était pas dupe de son manège, mais au fond, aucun homme jusque-là n'avait su lui donner cette impression d'être unique, au point d'inventer des scénarios dont elle était l'héroïne. Il avait une imagination amoureuse sans limites, qui se nourrissait de l'obstacle.

Elle sourit à la pensée de cette scène qu'il lui avait fait vivre totalement à contretemps. Elle est au restaurant avec des amis, et voilà qu'au moment du dessert surgit un serveur, sourire complice, déposant d'un geste emphatique un gros gâteau planté de bougies. Stupéfaction générale, éclats de voix, *Happy birthday to you*, et tandis qu'elle soutient que ce n'est pas le bon jour, qu'on s'est forcément trompé de table, on lui glisse à l'oreille : « De la part de Monsieur Paul. » C'était ridicule. C'était trop, comme ces montagnes de chantilly qui couronnent la pêche

Melba du dimanche. Sans doute le dénuement et la détresse morale la rendaient-ils plus sensible à ces excès. Elle avait fini par aimer cette cour acharnée, presque d'un autre âge, ses bouquets démesurés, ses fausses bouderies d'amoureux éconduit et son désir criant qui petit à petit entrait en elle.

Surtout, il lui avait proposé de bosser pour lui, ce qui était le meilleur moyen de la convaincre de passer du temps ensemble. Les propositions affluaient, il y avait des journalistes qui demandaient des interviews, des invitations à l'étranger, des courriers et des discours à écrire, des dîners de gala à organiser, une foule d'activités qui exigeaient de la réactivité, de la créativité et un vrai sens de l'organisation... Il avait bien une attachée de presse, mais elle était à Paris et, Paul l'assurait, elle ne suffirait pas pour gérer tous les projets qui se profilaient. Cet homme avait un énorme potentiel. Faire briller les autres, révéler les talents, justement, c'est ce qu'elle aimait faire. Et finalement c'était son job pour Charlotte Boon. Depuis deux ans, elle s'employait à faire connaître les collections originales de la styliste lyonnaise. Elle courait les salons, contactait la presse, l'aidait à développer son business. Bocuse était un cran au-dessus. Ça valait le coup d'essayer, sans lâcher la proie pour l'ombre, bien sûr. Elle avait déjà accepté de l'accompagner. Au tournage d'une publicité pour Perrier. Quarante-huit heures seulement, il lui avait suffi de poser deux jours de congé. Un aller-retour à Vichy tous frais payés, un scénario rocambolesque où Paul montait dans un hélicoptère et tirait sur des faisans. Elle avait vu de près les coulisses du tournage, l'écriture du scénario, l'énergie de Paul qui ne décrochait jamais. C'était drôle et stimulant. Deux semaines plus tard, il l'avait emmenée aux 24 Heures du Mans avec une bande de chefs venus des quatre coins de la France. Ils étaient partis en train de nuit et, au moment du dîner, il avait sorti de son sac une bouteille de champagne et une boîte de caviar ! Elle n'en avait jamais mangé. Elle avait trouvé ça délirant. Ils avaient pu assister au départ des bolides depuis le paddock. Elle n'oublierait jamais le dîner qui avait suivi la course. À la fin du repas, dans une sorte de folie collective, tout le monde avait empoigné verres et assiettes pour les briser au sol. Oui, elle est entrée dans une autre dimension et ça devient compliqué d'échapper au raz-de-marée. Compliqué de continuer à vivre comme avant alors qu'il est partout. Et peut-être même bête de renoncer à prendre une place au soleil quand c'est si gentiment demandé.

Absorbée par ses pensées, ma mère poursuit mécaniquement sa toilette sous la douche, déroulant les gestes qui scandent le cours de sa pensée. C'est un autre rituel matinal qu'elle effectue avec la même rigueur militaire que le ménage. Le rasage quotidien des jambes et des aisselles – au moins, c'est toujours net –, la pierre ponce qui lisse les talons, la douche tiède, le savonnage soigneux de tout le corps, le gant de crin pour gommer, le jet d'eau glacée pour fouetter le sang, et le séchage énergique avec une serviette propre. Pour finir, elle étale méthodiquement sa crème Nivea de haut en bas, sans oublier les mouvements circulaires sur les cuisses pour chasser le capiton importun. Le pot de crème, la mousse à raser, le tube de dentifrice et son flacon de parfum sont déposés sur la petite étagère de gauche, au-dessus de la baignoire, à la place qui leur a été assignée, dans un ordre invariable et à équidistance les uns des autres. À première vue, le détail est à peine perceptible. Pourtant, cette disposition est implacable et nécessaire. Comme tant d'autres repères qu'elle installe dans son paysage domestique, ces sentinelles rassurantes d'une beauté bien ordonnée donnent l'impression à ma mère de pouvoir prendre appui sur les choses.

Quand elle entre dans le réduit qui lui sert de penderie, le vent de l'inquiétude s'est levé. Elle pense à moi, au jugement que je ne manquerais pas de porter sur cet homme s'il entrait dans sa vie. Tout à coup indéfendable, hors jeu, hors d'âge. Le changement de point de vue est sans pitié. Elle énonce mentalement la situation. Un homme qui a quinze ans de plus qu'elle. Marié. Et même plutôt deux fois qu'une… Avec une épouse légitime, dont il a une fille, et une maîtresse en titre, qui lui a donné un fils. Sans compter les coups d'un soir qu'on lui prête partout où il passe. Et puis, il vit dans un univers superficiel à mille lieues du nôtre. Aucune circonstance atténuante. Sinon cette étrange connivence qui s'impose à elle quand elle y pense. Elle qui ne ploie devant rien, elle a envie de plier devant lui. Elle ne pourrait pas me l'expliquer. Ce genre de chose ne s'explique pas, et encore moins à moi, à qui elle inculque le pouvoir absolu de la volonté et les vertus de l'indépendance. Mais au fond, ma mère se dit que la passion est une fatalité qui s'abat sur les femmes. Une croix qu'on porte pour accéder à la rédemption. « Il a souffert sa passion… » Cette formule martelée durant son enfance au couvent remonte à la surface. À l'âge adulte, elle s'est émancipée de la religion et du catholicisme, mais elle a gardé le pli que prend l'âme à se flageller. Et elle croit dur comme fer, du moins pour elle, qu'il n'y a pas d'amour sans souffrance. Tout comme elle continue, chaque soir, à s'agenouiller à côté de son lit pour réciter un rapide Notre Père, tel un mantra, presque un TOC dont elle ne peut se défaire, un élan viscéral auquel elle cède pour éloigner le mauvais œil, me protéger, protéger ses amis, sa mère aussi tout de même, parce que c'est sa mère.

Elle saisit sa chemise blanche pendue sur un cintre et qu'elle a pris soin de repasser la veille, et enfile son pantalon en velours côtelé. Même un peu élimé, il dessine si bien l'orbe de ses fesses. Avec son pull bicolore col en V pardessus, elle se trouve un air d'*executive woman* qui lui redonne confiance. En s'habillant, elle sent monter une envie de conquête, un désir de séduire qui modifie de nouveau le cours de ses pensées. Rien à voir avec la passion. Elle maîtrise la situation. L'époque a changé. Les femmes n'ont plus besoin d'un mâle dominant pour s'assumer. Elles baisent quand et avec qui bon leur semble. Ma mère est une femme libre, bientôt divorcée. Elle ne veut plus d'un homme à la maison qui l'oblige à rendre des comptes. Ça tombe bien. Avec lui, aucun risque de jouer les bobonnes. Leur relation sera hors norme, à son image. Vivre vite, jouir comme elle peut, profiter coûte que coûte dans cet océan de merde où elle se débat. Et puis m'offrir une éducation qui me permette de grimper les échelons de la société sans dépendre de qui que ce soit. Elle pense *pour se sortir de devant*, des mots de sa mère qui lui viennent malgré elle, et qui la gênent au moment où elle les prononce.

Collonges, la minuscule ville que les Américains situent sur la carte parce que *Powl Boqyouse* l'a révélée au monde, est loin, très loin d'Écully. Dans ma tête de petite fille, aller dans cette zone du nord de Lyon est une expédition. Pourtant, en longeant la Saône, en passant par la Duchère et Caluire-et-Cuire, il faut exactement seize minutes pour s'y rendre. Le samedi soir ou le dimanche midi, il nous arrive parfois de partir en visite chez un couple d'amis que mes parents ont rencontrés avant le divorce. Marc et Anaïs ont acheté une immense propriété sur les bords de Saône. Une de ces villas élégantes des Années folles, noyée dans un jardin sauvage, à laquelle on accède par un escalier de pierre abrupt, coupé par la route et qui devait autrefois descendre jusqu'à la rivière. Marc et Anaïs ont du goût mais pas un rond. Il est artiste, elle a une grande gueule. Leur maison est pleine d'œuvres étranges et de courants d'air. J'adore. Elle est à l'exact opposé de l'hôtel-restaurant du Pont qui trône à cinq cents mètres en face. Tandis que je m'endors, la tête sur les genoux de maman, bercée par le roulis des conversations adultes, j'ignore tout du monde des restaurants étoilés. Les nappes blanches, les verres en cristal, l'argenterie, un couvert pour chaque plat, les courbettes des serveurs, monsieur et madame, puis-je vous débarrasser ? Le genre d'endroit où il faut se tenir droit, mettre les mains sur la table, attendre que tout le monde soit servi pour manger, s'ennuyer à mourir en priant pour que s'achèvent enfin les multiples services d'un repas à tiroirs.

Un homme à la toque haute vient de passer de l'autre côté du miroir.

Collonges, juin 1975

5 heures. Il n'a pas besoin de regarder sa montre posée sur la table de nuit pour le savoir. Il a acquis ce réflexe conditionné dès ses premières années d'apprentissage chez la mère Brazier. Même après une courte nuit, il y a une petite lumière qui s'allume dans sa tête à l'aube. Il s'éveille quand le rouge-gorge pousse ses trilles, avant tous les autres. Il reconnaît son chant cristallin, flûté, qui roule au fond du jabot. Souvent, la mésange charbonnière suit, avec sa rafale stridente de *tu ti ti – tu ti ti*. Le temps d'ouvrir les yeux, de se reconnecter au monde et il est debout. Raymonde dort, visage et corps résolument tournés de l'autre côté. Verrouillée dans son sommeil, chemise de nuit boutonnée jusqu'au cou, en lutte contre toute forme d'abandon. Ses cheveux emprisonnés dans une fine résille violette

bossellent sous les bigoudis. Paul se demande souvent comment elle fait, Mone, pour dormir avec tous ces catons sur la tête. Mais la plupart du temps, son regard passe au-dessus d'elle sans la voir. Il fonce sous la douche, se rase soigneusement, s'asperge de lotion parfumée à la lavande et enfile une chemise à carreaux siglée PB et un pantalon de toile. Il se remémore la soirée de la veille. Il a réussi à la faire venir. L'Abbaye, les orgues, tout le tintouin. Le show Bocuse dans les grandes largeurs. Il lui en a mis plein la vue. Il pense à sa chute de reins. Avec son petit haut décolleté dans le dos. On voyait que ça, ce creux du dos qui rend fou. Sa taille fine, bien marquée, faite pour être prise entre deux mains d'homme. Et sa jupe blanche en coton fendue jusqu'en haut de la cuisse. Me dit pas qu'elle avait pas fait exprès. Pas très grande, mais bien gaulée, attaches fines, peau dorée, du velours. Coup de maître, hein, l'idée qu'il avait eue. La présenter à Yanou Collart, sa chargée de communication officielle. Il en rigole encore. « Patricia Zizza, ma nouvelle relations publiques en Israël, elle a un pied à Lyon, un pied à Jérusalem. » Ça lui rappelle la blague de Sacha Guitry racontée par Fernand Point. Ah ! son maître à penser en train de jouer la caricature de la grande bourgeoise évaporée, la bouche en cul de poule : « Cet été, j'aurai un pied à Paris et un pied à Dijon. » Une pause étudiée avant d'assener, imitant Sacha Guitry : « Eh bien, chère amie, j'irai m'installer à Mâcon... » Bref, pour Patricia, c'est dans la poche. Il y croit. Elle est typée. Il est persuadé qu'elle a des origines juives. Des bombes au lit. Ça promet !

Paul descend au rez-de-chaussée. Il dévale les marches souplement, croise le portrait de son père sous les platanes, sa photo de mariage qui penche encore et qu'il ajuste parce que ça l'énerve quand c'est pas aligné. Plus bas, son premier prix de rédaction avec les félicitations manuscrites de son institutrice. Petite fierté de cancre. Ça le fait marrer de fanfaronner en matière d'école, un type comme lui qui se félicite d'avoir deux bacs, eau chaude, eau froide et rien d'autre ! Il continue à la servir, celle-là. Elle est usée mais elle fait toujours un tabac. Les gens aiment bien le comique de répétition... À hauteur des dernières marches, peut pas s'empêcher de lorgner sur le cadre doré qui flatte son ego. Le président Valéry Giscard d'Estaing en personne, dans les salons de l'Élysée, qui épingle la Légion d'honneur sur sa veste de cuisine. C'était il y a quatre mois tout juste. Pied de nez au destin des cuistots grouillots. Ça envoie du lourd pour toute la profession. Par moments, il se dit qu'il a une mission qui le dépasse. Y a pas de mal à se faire du bien. Il a suffisamment trimé pour en arriver là, non ? Juste à côté, il y a un cliché qui vaut tous les autres, celui où il pose en veste de cuisinier ornée du col tricolore avec sa médaille de meilleur ouvrier de France. Il l'aime bien ce profil de sage en manteau long manipulant un compas aussi grand que lui. Le grand architecte du temple de Salomon. Personne ne peut tricher avec cette médaille. Il a bossé nuit et jour pour la décrocher, à refaire des mousses, des feuilletages et des sauces, à en avoir mal au bras, aux mains, aux articulations. Et il l'a eue ! En même temps que son copain Joannès Nandron. Il effleure l'image au passage. Petite superstition d'homme gâté par la vie. Conjurer le sort, à tout hasard.

Au rez-de-chaussée, il perçoit à sa gauche le silence apaisant de la salle endormie, à peine troublé par le tic-tac de la vieille pendule. Bientôt, les tables sortiront de l'ombre, juponnées de grandes nappes fleuries, et la vie reprendra dans le vacarme du service poussé à fond de train. Il enfonce les battants d'un coup d'épaule et se dirige dans l'arrière-cuisine vers la machine à café. Les torchons sont encore tout accuchonnés. Va lui passer une soufflante au gamin. Le moulin ronronne et siffle avant de cracher un filet de breuvage noir, intense et parfumé. Il adore ce moment suspendu où la cuisine retient son souffle. Tout est prêt pour un nouveau départ. Son Roger a fait le boulot, les gars ont tout bien briqué. Ça brille avant la chauffe. Comme un paquebot à quai quand la salle des machines est au repos. Il se sent gonflé à bloc ce matin. Il lui faut cette brunette. Pas con du tout la gamine. Brillante même. Elle réagit au quart de tour. Comme lui. C'est pas une toquade comme une autre. Il sait pas trop comment il va gérer. Mais il s'en fout, il avance, hein. Il est lancé. Quelque chose lui dit que ce petit bout de femme va le propulser encore plus loin.

Un coup de sonnette annonce l'arrivée du journal. Paul glisse une pièce au livreur du *Progrès* et va s'installer dans la rotonde. Il passe en revue les gros titres en buvant sa dernière gorgée de café ; 20 avril, dans trois jours, Evrard reçoit le Mérite agricole. Il faut qu'il réfléchisse à un canular de première. Il va en parler tout à l'heure à Nandron et Bobosse.

Déjà 5 h 30. Faut y aller. Les deux labradors s'agitent dehors. Ça jappe à tout-va dans la cour. Tout doux, les gars. Pas maintenant. La fourgonnette démarre. La fraîcheur de la rosée perle sur les bords de Saône. Rien n'est plus beau que cette vue. Même le ciel étoilé contemplé du haut des gratte-ciel new-yorkais ne vaut pas sa rivière qui scintille comme une princesse au milieu des berges. Ils vont tous avoir la gueule de bois après la soirée d'hier. Il a juste le temps de passer chez sa copine Geneviève pour se mettre en jambes. Façon de parler. Il se sent mieux quand il a tiré un coup avant d'attaquer la journée. Un peu d'exercice physique pour mettre de l'huile dans les rouages. Il a plus le temps de faire du sport et il a absolument besoin d'être en forme pour tenir le rythme. Bon d'accord, il exagère. Il pourrait faire du tennis, de la course à pied, des pompes… Il pourrait se remettre à la natation. Pas vraiment besoin, en fait. Il est solide, à peine enrobé. Ne pas oublier de prendre les tripes et le pied de bœuf chez Bobosse. Faut anticiper. Douze heures de trempage, cinq heures de cuisson. Il va lui mitonner des tripes à la lyonnaise à l'ancienne au Piot. Surprise du chef pour le mâchon de 9 heures. On va lui rappeler les grands classiques de la capitale des Gaules. Sera pas déçu du petit déjeuner.

Il retrace machinalement les étapes de sa relation toute neuve avec Patricia. Le jour où ils ont dansé des heures au Loft Club, où il l'a raccompagnée chez elle. Où ils ont discuté une bonne partie de la nuit sur son balcon. Quand elle lui a raconté son enfance à la dure. L'hiver glacial, sa peau fendillée, les engelures qui lui déformaient les mains, les sœurs en cornette. Les travaux du quotidien qu'il connaissait par cœur, amidonner, repasser, repriser. Tout ça faisait écho à ses débuts en cuisine. Charrier le charbon, allumer les fourneaux, traire les vaches, faire la lessive, écailler et vider les poissons, tuer le cochon, éplucher des montagnes de légumes. De quoi transformer les humains en bêtes de somme. Les soupes claires au pain, les viandes archi-bouillies au goût de corde dont elle parlait, il les avait dans la bouche comme s'il y était. Il ne s'y attendait pas, c'est sûr. Son histoire d'orpheline l'avait touché. Ce père inconnu et son aguicheuse de mère qui ne pensait qu'aux hommes. Ces photos du passé qu'elle avait finalement trouvées dans une boîte à chaussures, où il ne restait que le visage de sa mère qui avait découpé soigneusement la tête de l'autre pour l'effacer définitivement de toutes les mémoires. Il y avait quelque chose de cette écorchure qui résonnait en lui. Une espèce de revanche à prendre sur la vie. Elle n'avait rien à perdre, elle n'avait pas froid aux yeux. Et bosseuse, en plus, elle élevait toute seule sa gamine de sept ans. Pas gai tout ça. On va la faire marrer, la petite. La faire monter dans le manège, accélérer jusqu'au vertige, ouvrir le grand chapiteau du monde, claquer les cymbales, envoyer la sauce. La tristesse, il connaît qu'une façon de la tuer. C'est faire plus de bruit qu'elle, mettre une marmite à bouillir, du monde autour, inviter les copains, les voisins, la Terre entière, ouvrir des bouteilles, se taper sur l'épaule, raconter des conneries jusqu'au petit matin, chanter à tue-tête. Quand il sent cette odeur rance et noire qui le prend aux tripes, il met la *Marche de Radetzky* de Johann Strauss. C'est une musique qui avance, qui ne regarde jamais en arrière. Militaire, carrée, bien balancée. Et son optimisme remonte au rythme des cuivres qui enflent, d'abord légers et retenus, puis triomphants et dévastateurs comme les cavaliers de l'armée d'Alexandre le Grand. D'ailleurs, il va la mettre tout de suite, cette marche. Histoire de s'aiguiser l'âme. La cassette s'enclenche et Paul entonne le chant en chœur, lâchant le volant de la main droite pour scander les temps forts. Ça lui fait penser au bon coup qu'il a fait à Bobosse le mois dernier avec Dubœuf. La tête du René quand il est arrivé devant son entrepôt de Fort Amorges ! Une tonne de moût de raisin déversée devant les portes. Il l'avait cherché quand même. Il l'aime bien son Bobosse. C'est un obsessionnel du produit comme lui. Un artiste qui monte ses andouillettes à la ficelle, sur l'air des *Bateliers de la Volga*. Chacun son répertoire. Bobosse a réussi son coup dans son domaine, il a fait mentir Édouard Herriot qui disait : « L'andouillette, c'est comme la politique, ça sent toujours un peu la merde. » La sienne sent la fraise, la bonne fraise de veau. En matière de canular, ils se tirent la bourre. D'ailleurs, la vie, c'est rien d'autre qu'un vaste canular. Sauf quand les femmes le rattrapent.

Les femmes, il pourrait pas vivre sans elles. Toutes les femmes. Il n'en connaît que deux catégories, celles qu'il a baisées et celles qu'il va bientôt baiser. Évidemment, les siennes occupent une place à part. La Raymonde d'abord. C'est avec elle qu'il a transformé l'auberge de ses parents en restaurant trois étoiles, nappes en percale de coton 120 fils, tentures vieux rose et cabinet de toilettes hommes et femmes carrelé de marbre au fond du couloir. Il est bien placé pour savoir qu'il faut être en couple pour monter une affaire qui roule. Sa maman a montré les ficelles à Mone quand elle avait quinze ans et elle a vite appris. Il pourrait pas partir à l'autre bout de la planète sans elle pour garder la boutique. Le sourire de Collonges. Parfaite avec les clients. Ses beaux yeux verts tristes depuis qu'elle sait. Et son mutisme. Il n'empêche, lui il a envie d'en profiter. Si Mone ne veut pas entendre parler de libération sexuelle, c'est son problème ! Il aime la baise. C'est la nature. Les curés racontent que des conneries. Il a jamais cru à toutes ces foutaises d'enfer et de paradis. Peut-être bien qu'en haut y a un dieu qui tire les ficelles, et ça change quoi ? On peut pas lutter contre la sève qui monte au printemps. Même si c'est le printemps plusieurs fois par jour.

Et puis, il y a Raymone. Il a pas fait exprès, à un *d* près, elles ont le même prénom. Du coup, il l'appelle plutôt Ramone pour les distinguer. Au pire on peut fourcher sans faire d'impair. Pas donné à tous les types d'avoir un bol pareil ! Fais le malin, Paulo… Ta Ramone, tu risques pas de la lâcher non plus. Un petit bout de femme qu'en veut. Une sportive, une gagneuse. Au rythme où elle va, elle finira patronne de clinique. Et puis, elle t'a donné ton Jérôme. Ta petite merveille. Beau comme un dieu, plein de promesses. Un jour, il portera ton nom. Tu feras ce qu'il faut pour, mon Paulo. Un fils, un Bocuse, pour pas éteindre la lignée. T'as quand même eu chaud quand le petit est né. Putain, quand on pense que c'est tombé juste avant le mariage de ta fille. Qui a bien pu cracher le morceau ? Tu sauras jamais. Y a des traîtres partout. Après, il a fallu assumer. Quand ta fille se marie, tu vas pas cacher à ta femme que t'as fait un gosse dans son dos. Surtout quand elle le sait déjà… Reste le courage d'affronter les cris, les reproches, le chantage à la porte claquée et démerde-toi pour tenir la baraque. Une pluie de saloperies sur ton compte alors que tu lui fais une vie de bourgeoise.

Ce petit, c'est un soleil. Faut voir ses grands yeux rieurs quand tu lui rapportes des souvenirs de voyage. Et déjà bagarreur, et sportif, comme toi. Bon Dieu, Ramone a pas intérêt à savoir pour Patricia. C'est pas fait, mais c'est tout comme. Une question de semaines. Y a un truc entre nous. Si tu croyais aux astres, tu dirais que c'est une histoire de planètes. Elle est Vierge, t'es Verseau. Va savoir.

Merde, il allait louper le flash info. *La Caisse d'épargne au 12, rue de la Bourse, a subi un extraordinaire hold-up. Deux gangsters sont parvenus à subtiliser deux valises contenant l'incroyable somme de 8 millions de francs.* Pas froid aux yeux, les types. *Dans Banga y a des fruits, juste ce qu'y faut, dans Banga y a de l'eau, oui mais pas trop.* Il se demande s'il va baiser Geneviève en pensant à Patricia ou s'il va directement au marché. Parce que ça ne réglera pas le problème. Il aura quand même envie d'elle après. Autant aller directement au marché, il aura le temps de faire un crochet chez Lacombe.

Sur le pare-brise, comme alignées pour la parade, les copies en miniature des couvertures des magazines dont il a fait la une depuis deux ans : *L'Express*, *Match*, *The New York Times Magazine*, *The Sunday Times Magazine*, *Wine Spectator*... Il rigole de sa trouvaille. On peut pas passer à côté. Une bonne pub pour pas cher. Sur la banquette arrière, il a aussi une petite réserve d'autocollants siglés Paul Bocuse. Ce ruban bleu-blanc-rouge avec le lion au milieu, c'est son idée. Il en colle partout où il peut, sur les pare-brise des voitures, les portes des cafés, sur les valises, les siennes et celles de tous les potes qui voyagent avec lui. Les gens se marrent, ils en redemandent. La fameuse bande à Bocuse. Ralliez-vous à mon panache bleu-blanc-rouge ! Si tu veux être célèbre, prends ta vie en main, mon cousin.

Paul s'est garé en face du quai Saint-Antoine. À l'ombre des platanes, les étals se déploient sous de grandes toiles rouges et vertes. Aux premières heures du jour, c'est un de ces moments qu'il adore, plus encore que les bains de foule. Se faufilant entre les tréteaux, serrant des mains, répondant aux apostrophes qui dansent au-dessus de sa tête, il plonge dans cet océan de produits frais avec la délicieuse impression de se régénérer dans une eau pure. Son être n'est plus qu'une somme de capteurs sensoriels prêts à évaluer la moindre aspérité de chaque ingrédient. Il est ici chez lui. Le toucher ne fait que confirmer ce que l'œil sait déjà. Le juste équilibre entre la souplesse et la fermeté d'une chair, l'éclat d'une couleur qui ne ment pas, la sève qu'on devine encore dans une salade fraîchement coupée, la peau fine et légèrement piquetée d'une pomme de terre nouvelle, le parfum floral d'une cagette de pêches. Les pêches blanches viennent d'arriver de Valence, et Jeannot Melon, son maraîcher, lui en a mis de côté. Tout le monde discute du vol d'hier. Le quatrième casse de l'année. Paraît que ça s'est fait dans le calme. Aussi fort que Spaggiari ! C'est pas Dieu possible. Tu te rappelles les mots écrits sur les coffres ? *Sans haine, ni violence*. Pourquoi qu'ils les ont pas arrêtés ? Dis voir, tu ferais quoi, toi, avec huit millions de francs ? La bamboche jusqu'à la fin de ma vie ! On n'a pas besoin de ça. On s'ennuierait si on bossait pas tous les jours, pas vrai mon Jeannot ? Les cagettes s'empilent par dizaines dans la fourgonnette. Demain, je viens avec un journaliste du *Figaro*. On va lui faire faire le grand tour, à l'aube ! Faut leur apprendre la vie. J'me rase alors ? Change rien Titi. T'as bonne mine, t'as les joues roses. Le terroir, ça se rase pas.

Au Bidon 5, il y a déjà du monde. Les habitués du petit blanc de 7 heures et les potes cuisiniers pour la pause-café du matin ou le mâchon qui va bien. Le troquet de Madame Camille, c'est une halte politique, l'agora du microcosme lyonnais. C'est là qu'on prépare les bons coups, qu'on apprend les derniers potins, qu'on fait et défait les réputations, sous l'œil complice de la patronne. Une main de fer dans un gant de velours. De la trempe de la Mère Brazier. Paul s'assoit toujours au même endroit, près de la fenêtre. La place idéale pour voir et être vu. Christian Bourillot et Gérard Nandron sont déjà là. René Bobosse, le prince des charcutiers lyonnais, les apostrophe de l'autre côté de la rue : « Quelle soirée, mes amis, quelle soirée ! »

Face ronde, sourire jusqu'aux oreilles, œil qui frise. Ça sent l'embrouille. Il s'approche, ralenti par un bon quintal de chair qu'il assume avec grâce. Personne ne ferait confiance à un charcutier anorexique.

Paul le toise, provocateur : « La mienne était pas mal non plus.

– Ben oui, t'as une petite mine, mon Paulo ! Tu baises trop.

– Que veux-tu, j'ai la chair émotive…

– *Ego te absolvo* d'avance mon fils. » Bobosse trace un signe de croix dans l'air. « En attendant, t'en as raté une bien bonne.

– Dis voir…

– L'habit ne fait pas le moine.

– Bon, René, vas-y, accouche !

– Hier soir, j'étais en route pour une virée à Lyon, j'avise mon copain Maurice, tu sais, le commissaire de police de Villefranche-sur-Saône.

– Un bon gars…

– Il est pas contre faire un bout de chemin avec moi… On retrouve Dédé et Pierrot aux

Valseuses, le petit nouveau à la Croix-Rousse. De bar en comptoir, de restaurant en bouchon, on écluse. À 2 heures du mat, le Maurice y tenait plus debout. Rond comme une queue de pelle… On le transporte à ma voiture, j'allais pas attendre qu'y dessoûle. Et d'un autre côté, ç'aurait pas été chic de le ramener chez sa bourgeoise tout drogassé. Qu'est-ce que je fais ? »

Bobosse a du mal à contenir le rire qui enfle dans sa gorge.

« C'est là qu'on a commencé à se marrer. J'avais une soutane dans le coffre. Une longue histoire ! On l'enfile au Maurice et on l'allonge gentiment sur un banc. Puis, on retourne à la Tassée pour appeler l'archevêché et on leur dit qu'on est bien embêtés parce qu'on a trouvé un prêtre ivre mort sur la place Bellecour… Doux Jésus ! »

Bobosse explose de rire, poursuivant son récit à grand-peine, voix étranglée filant vers les aigus.

« "Ça vous ennuie pas de nous le ramener ? Discrètement", qu'y disent. Ben non, on rend service. Alors on est montés à Fourvière. On est tombés sur un jeune abbé de garde. On a installé Maurice bien confortable sur la banquette de l'archevêché. Et chaque fois que l'abbé lui posait des questions, l'autre y répondait : "Mais je vous dis que je suis le commissaire de police de Villefranche !" "Allons, vous divaguez, faisait l'abbé, reposez-vous, on verra tout à l'heure avec Son Éminence." On les a laissés s'expliquer... Le matin, le cardinal a fini par appeler le commissariat de Villefranche. Bon, il paraît que le Maurice est un peu fâché... »

Le rire de Bobosse a gagné tout le café, roulant de table en table, déposant sur les visages l'empreinte d'une joie qui n'attend qu'une étincelle pour renaître. D'ailleurs, pas question de faire retomber le soufflé. Quand la déconnade prend, faut la monter serré, comme les blancs en neige. Paul enchaîne :

« J'ai réfléchi, je vais faire préparer une grande brouette avec des jolies fleurs pour Evrard. C'est bien, des fleurs, pour son Mérite agricole...

– C'est gentil tout plein.

– Je me disais qu'y faudrait y mettre quelque chose en plus pour parfumer... Un truc naturel qui évolue dans le temps.

– Des boyaux, Polo, tu mets de la boyasse de lièvre ! J'en ai tiré trois avant-hier.

– Ben voilà. J'aime pas gâcher. On va bien y enterrer sous terre.

– Pour faire un pot-pourri...

– Ça va sentir bon boulevard des Belges... Les bourgeois du sixième, y vont adorer ! Il va en falloir du Moët & Chandon pour arroser tout ça ! »

Dans l'encadrement de la porte, Ramone observe la scène. Elle est arrivée quelques minutes avant, sans se faire remarquer. D'habitude, elle vient le mercredi avec Jérôme et elle le retrouve au Val-d'Isère rue Bonnel. Mais on n'est pas mercredi, elle est au Bidon 5 et il n'est que 8 h 30. Pas bon signe, ça. « Comment tu vas ma chérie ? Bien matinale dis donc ! » Elle n'a pas encore ouvert la bouche qu'on l'invite à s'asseoir, on lui commande un café, on lui demande des nouvelles du petit. En même temps, qu'est-ce qu'il a à se reprocher ? À la première question, il sait déjà que le téléphone arabe a fonctionné à plein tube. Ramone est remontée comme un coucou et elle attend de se retrouver seule avec lui pour ouvrir la boîte à jérémiades. Au besoin, elle inventera. Les femmes ont beaucoup d'imagination. Faut la jouer fine. Prendre les potes à témoin, éviter le face-à-face à tout prix et, si possible, contre-attaquer. Posture simple et efficace. Rien à perdre. Elle a forcément quelque chose à se reprocher. Paul se lance : « T'étais où hier soir ? J'ai essayé de t'appeler, tu répondais pas. » Coup bas qui fait toujours son petit effet. Ramone encaisse, outrée, prête à exploser, uniquement retenue par la crainte de transformer un léger différend en scandale public. Paul sait d'instinct que tout Lyonnais qui se respecte a grandi dans la frayeur du qu'en-dira-t-on.

Gagner du temps, c'est tout ce qui compte. Ce soir, demain, il saura bien trouver la parade. Il la prend gentiment par la taille et la pousse vers la sortie. « Bon, les gars, c'est pas le tout, mais on va filer aux halles. Jean-Paul, René, on y va ? »

Dans ce temple de la bouffe rutilant sous les néons, il est chez lui. Les allées du marché couvert, il les connaît par cœur. Il les arpente toujours dans le même sens, tout droit jusqu'au troisième bloc, un tournant à gauche, puis première à droite, avec quatre stations rituelles et incontournables chez ses fournisseurs attitrés. Il y a aussi des accidents de parcours, plateaux d'huîtres, grattons de porc, andouillette... parfaits pour lester son homme avant le service. Paul fait un signe de tête, salue, sourit, balance une vanne. Quelque chose bouge sur son passage, un souffle qui ride la surface de l'eau, comme un frémissement parcourant un corps qui s'abandonne. Il aimante, il attire, on vient le voir, on veut l'entendre. Il pense au coq de basse-cour. Il aime ça. C'est son animal totem, celui qu'il s'est fait tatouer par les Américains sur l'épaule gauche pendant la guerre, juste après avoir frôlé la mort. Depuis, ce coq lui a porté bonheur. Quand les gens l'emmerdent, il lui parle. Qu'est-ce que t'en dis, Coco ? Premier levé, dressé sur ses ergots, des poules en veux-tu en voilà. Symbole de fierté, de domination masculine, de patriotisme… Qui pourrait y trouver à redire ? Il donne suffisamment pour mériter ça. Ramone peut penser ce qu'elle veut, elle a du bol de faire partie des élues.

Renée Richard et Colette Sibilia, voilà ses deux chouchoutes. Deux blondes platine charismatiques. Rouge à lèvres carmin de rigueur, mise en plis vaporeuse héritée des années 50. La matronne du saint-marcellin *versus* la prêtresse du saucisson brioché. Chacune a son genre de beauté. L'une est aussi grande gueule et provocatrice que l'autre est timide et discrète. Blouse blanche ou tablier rouge soulignant les carrures de ces femmes-troncs fichées derrière leur comptoir du matin au soir. Bouche en cœur, dents en avant, Renée minaude et rejoue tous les jours Pénélope attendant le retour d'Ulysse. Connivences de vieux amants. C'était il y a longtemps. Sa tapisserie à elle, c'est le mur de photos signées par Monsieur Paul qui lui sert de blason. Colette a des tendresses maternelles et une rondeur enveloppante. Une tristesse émouvante et des larmes toujours prêtes à affleurer depuis que son mari est malade.

À chaque étape de sa tournée pour le service du jour, Paul complète la commande pour Ramone et son fils. Façon de dire qu'il est toujours là. Que peu importent ses incartades, il assure. Il faut que ça se voie, que ça déborde de tous les côtés. Table ouverte pour les gens qu'on aime, banquet romain qu'une vie ne suffirait pas à épuiser. Des côtelettes d'agneau pour ce soir, avec des haricots verts extra-fins, ils sont veloutés, bien croquants, il les caresse pour vérifier, des artichauts violets pour demain ou alors un sabodet avec des pommes de terre grenailles. Des tranches de pâté en croûte au foie gras truffé, ou tiens, un œuf en gelée, le petit adore ça. Rajoute des picodons et un brillat-savarin. Mais si, tu partageras avec ta mère. Une brioche aux pralines de chez Pralus pour le goûter, ou encore des loukoums à la fleur d'oranger de chez Bahadourian, ils sont exceptionnels. Le filet à provisions de Ramone s'alourdit. Paul s'achète une paix royale à grand renfort de boustifaille. Poularde de Bresse, truffe noire, loup de Méditerranée, asperges de Villelaure... Rien n'est trop beau pour les femmes de sa vie. Il peut être imprévisible, infidèle, menteur, elles ne manqueront jamais de rien.

Écully, septembre 1975

J'ai ouvert lentement les yeux. Je profite de ces quelques instants de flottement où j'entends maman dresser la table du petit déjeuner pour observer les points et les traits qui scintillent sur les volets métalliques. On dirait une grande feuille couverte d'inscriptions indéchiffrables. C'est le morse du matin. Je cherche les éclats d'or que dessinent certains jours les rayons du premier soleil sur mon mur blanc, mais il est encore trop tôt. Maman approche. Je ferme aussitôt les yeux pour donner l'illusion que je suis plongée dans un sommeil profond. Sinon, pourquoi ne serais-je pas déjà debout ?

Maman a empoigné la manivelle et fait grincer le volet roulant qui remonte par saccades. La lumière et le mouvement du monde s'engouffrent dans ma chambre. Les fenêtres rectangulaires qui donnent sur le parc cadrent un ciel bleu, net, saturé de fraîcheur, où s'invitent quelques branches du cèdre bicentenaire qui monte à l'assaut du cinquième étage. Mon cèdre. Je m'étire et bondis hors du lit. Aujourd'hui, c'est mercredi et j'accompagne maman au bureau ou plutôt dans cet atelier de création qui me fascine. Je ressens le mélange d'excitation et d'inquiétude qui m'étreint quand je sais que je dois me tenir en représentation dans le monde des adultes. Le rythme n'est pas le même que celui des jours d'école, mais il n'est pas question de traîner pour autant. Avec maman, le temps ne s'arrête jamais. Quand le maillage se desserre, le décompte des heures est toujours visible grâce à des repères fixes sur lesquels on ne transige pas. Petit déjeuner, déjeuner, goûter, devoirs, bain, dîner. S'il nous arrive de déroger à la règle, une ou deux fois par an, c'est pour souscrire à un autre rituel comme celui du brunch de Noël, justifié par un coucher extrêmement tardif. D'ailleurs, la grasse matinée ou le petit déjeuner au lit font figure de transgression. Pas grave, tout ce qui est gras m'écœure. « L'avenir appartient à ceux qui se lèvent tôt », cette maxime souvent déclamée par maman de façon un peu théâtrale s'apparente à une règle morale. Dans la maison, tout ce qui donne l'heure – pendule, réveil, montre – avance systématiquement de quinze à vingt minutes…

La grande aiguille est la sentinelle du temps perdu. Même si je corrige mentalement l'heure, ce subterfuge a une fonction d'alerte et, en général, maman fait semblant d'avoir oublié le décalage pour justifier l'accélération des départs. « L'exactitude est la politesse des rois », une variante plus ludique de la maxime précédente, qui me donne le loisir de m'imaginer en princesse pinçant la soie rose de ma robe bouffante pour faire la révérence.

« Allez, ma chérie, insiste maman. On ne doit pas être en retard ce matin. »

Comme si un tel écart était possible.

Mes vêtements impeccablement repassés m'attendent sur le rebord du lit. J'enfile ma culotte blanche Petit Bateau, mes collants rouges et mon pull à col roulé bleu marine assorti aux lignes de mon kilt. Je fonce ensuite dans la cuisine. Le grille-pain flambant neuf m'oblige à ne pas traîner. Si j'arrive trop tard, maman aura déjà beurré tous les morceaux de pain chaud et le beurre aura disparu de la surface grillée, laissant çà et là quelques flaques fondues et écœurantes. Je préfère de loin sentir l'épaisseur presque craquante du beurre frais sur la tartine, mais je ne veux pas faire de peine à maman qui me consacre du temps, et sans doute ne souhaite pas en perdre en me laissant étaler laborieusement cinq grammes de beurre sur trois centimètres de pain. Je la laisse faire, assise sans bouger, à ma place, observant ses va-et-vient qui se démultiplient dans la cuisine, ici et là en même temps, avec cette faculté admirable de verser du thé, saisir une éponge et ouvrir un pot de confiture dans un seul geste. J'ai le droit de débarrasser mais pas de faire la vaisselle. Maman s'en acquitte bien mieux que moi et plus rapidement. Alors je lui tiens compagnie en bavardant. D'histoires d'école, de promesses non tenues, de jeux dans la cour, de punitions collectives, de devoirs surprises, d'un poème que j'ai aimé où il est question d'un grand chemin de fer qui tourne tout autour de la terre... En retour, maman me raconte souvent des bribes de son passé. Des pans de son enfance malheureuse, sa scolarité chez les sœurs, les humiliations, la honte de traverser la cour avec une culotte sur la tête parce qu'on a mouillé son lit, les lettres d'amies interceptées par la mère supérieure et retrouvées en confettis dans la poubelle. Un monde qui ressemble si peu au mien et où tout est sombre, irréel, révoltant. Dans ces moments-là, je vois se dessiner sa silhouette au même âge que moi. Je reconstitue mentalement, à partir des quelques photos en noir et blanc que j'ai collées dans l'album de famille, l'enfant que ma mère a été, et j'ai envie de la protéger, de la soustraire à ce malheur immérité, de la prendre dans mes bras pour la consoler. C'est moi, alors, qui deviens la maman de ma maman. Tout à coup grande, compréhensive et enveloppante. Adulte.

Mais aujourd'hui maman parle peu, elle se contente de sourire d'un air vague, acquiesçant à contretemps, répondant à côté. Je la sens absente de notre histoire. Elle lave mécaniquement la vaisselle, les mains gantées de caoutchouc rose, insistant sur les traces brunes au fond des bols, faisant mousser de nouveau le carré de Scotch-Brite pour s'assurer d'une propreté impeccable. Elle pose bols et couverts sur la paillasse et saisit un torchon pour les essuyer un par un avant de les ranger sur l'étagère. Il reste à éponger l'eau qui perle sur l'inox et à sécher la surface pour lui rendre son éclat métallique, sans traces. Deux ou trois passages suffisent à redonner tout son lustre à l'évier qui scintille dans la lumière, comme neuf.

Je la regarde en me hissant sur les demi-pointes, esquissant un pas de danse, puis un entrechat. Je tente un « Je peux t'aider ? », que maman prend au sens métaphorique. Je ne peux jamais aider maman dans les tâches ménagères.

« Je pense au meilleur moyen de produire les modèles de Charlotte Boon. Il y a beaucoup de clients, mais on ne fournit pas assez. On a deux mois de retard sur les livraisons.

– Il faudrait peut-être plus de couturières et de tricoteuses ?

– Oui, mais la fabrication coûte cher, il faut que je trouve un système de production efficace à bas coût…

– Comment tu vas faire alors ?

– J'ai déjà mes petites concierges, mais j'ai une autre idée pour faire plus de volume.

– Comment ça ?

– Je vais aller voir les prisonnières de Saint-Paul. J'ai lu un article là-dessus. On peut leur confier des travaux de tricot et de couture moyennant un petit salaire. C'est bien pour elles et bien pour nous.

– Tu pourrais m'apprendre aussi ?

– Apprends déjà tes tables de multiplication… Et dépêchons-nous, je veux éviter les bouchons pour descendre en ville. »

Après le divorce, maman a dû repartir de zéro. Il était exclu qu'elle continue à travailler avec papa. Pour remonter la pente, elle a enchaîné les petits boulots, vendeuse, réceptionniste, hôtesse d'accueil, serveuse dans un bar… Depuis un an, elle travaille pour la styliste Charlotte Boon. Elle est directrice commerciale de la marque et « relations publiques », maman dit qu'elle travaille en « frilance », un mot mystérieux qui cache un statut à part, différent de la plupart des métiers des mamans que je connais. Difficile de comprendre ce qu'elle fait réellement. Il est question de modèles, de patrons, de fournisseurs, de contrats de vente, de distribution, d'allers et retours chez les clients. Maman passe souvent la matinée dehors et travaille l'après-midi à la maison. Quand je rentre de l'école, elle est là, la plupart du temps, penchée sur ses papiers. Elle n'est pas mère au foyer, mais c'est beaucoup mieux, c'est une « femme active » qui travaille à la maison.

Un mercredi par mois, nous partons toutes les deux à l'assaut de la ville, dans l'Austin Mini que nous a cédée papa. Je m'installe sur la banquette arrière, bien au milieu, les pieds posés de chaque côté d'une petite bosse recouverte de moquette et la tête calée entre les deux sièges avant. D'ici, je vois tout et je peux parler avec maman. Quand je suis fatiguée, je m'allonge derrière de tout mon long et je regarde le paysage défiler côté ciel en me laissant surprendre par les virages. Au début, je suis le trajet mentalement, tourne à droite, à gauche, continue tout droit, je suis persuadée de savoir exactement où je me trouve, mais très vite je perds mes repères, et la petite rue où je m'attendais à tourner tarde à venir. Il me faut surprendre un pan de toits connus, un immeuble particulier pour retrouver la cartographie des lieux. Parfois, je me redresse pour profiter de la surprise : « Quoi ? On est seulement là ! »

Maman a branché la radio et monté le son comme pour laisser à une autre le soin de parler à sa place. C'est « La tarentelle » d'Yves Duteil qui déroule son fuseau de notes folles. *Si vous donnez la cadence, danse, moi je vous donne le la.* Trop rapide, trop étourdissant pour être honnête. Je me laisse emporter par le vertige de la musique. *Quand le feuillage est si dense… Quand votre robe s'élance, lance, moi j'ai le cœur en éclats.* Voilà Vaise et son interminable rue qui lui tient lieu de centre, les immeubles tristes et les rades minables où les vieux jouent au PMU et les jeunes au flipper. Le dénuement et l'ennui parcourent les carrefours comme un frisson. D'immenses panneaux publicitaires occupent les murs aveugles. Je les déchiffre les uns après les autres et les mots entrent en moi contre ma volonté. Une grand-mère aux yeux plissés pose en tablier bleu à côté d'une machine à laver. J'ai le temps d'égrener *Ve-de-tte mé-ri-te…* Depuis que je sais lire, le mécanisme s'enclenche. Les lettres s'agrègent en syllabes, les syllabes en mots, les mots en phrases et je murmure *Vedette*, V-E-D-E-TT-E avec deux T. Et ces mots s'écrivent tout seuls en moi. Ils apparaissent en blanc sur une sorte d'écran noir intérieur sans me demander la permission de s'installer, alors que j'ai bien autre chose en tête. Parfois mon index dessine même les pleins et les déliés sur ma cuisse. C'est excitant, magique et agaçant à la fois.

La ville-tampon au nom flasque prend fin sur une placette ombragée de platanes, et au tournant suivant, la Saône surgit, large et bouillonnante, grise et sale, glissant au milieu des bâtiments aux façades ocre rose, fraîchement repeintes comme un décor de théâtre. Il paraît que ça ressemble à l'Italie. Le trajet se prolonge en une boucle compliquée qui accède au pont débouchant sur le tunnel de la Croix-Rousse. Même carrelé de blanc et transformé en long couloir de salle de bains douché par les néons jaunes, il me donne toujours l'impression d'entrer dans un monde sauvage saturé de camions fous. Au bout de quelques mètres, la radio commence à crachoter, matérialisant l'énorme tas de roche qui pèse sur l'arche. J'essaye de ne pas y penser, puis finis par poser la question.

« Maman, comment ça peut tenir ce tunnel avec toute cette roche au-dessus ?

– ...

– Maman, tu m'as entendue ? Pourquoi les tunnels ne s'écroulent pas ?

– Ça peut arriver...

– Hein ? Celui-là aussi ?

– Mais non. Bien sûr que non. Pardon ma chérie, j'étais ailleurs. C'est une histoire de forces qui s'opposent, il faudrait poser la question à des ingénieurs, je ne sais pas trop. »

L'atelier de Charlotte Boon est situé sur la presqu'île, dans un vieil immeuble lyonnais qui donne sur le Rhône. On y accède par un escalier sombre et raide dont les marches lustrées sentent l'encaustique. Une odeur puissante et bourgeoise qui impose de bien se tenir. Maman sonne à la porte, les pas amples se rapprochent en faisant craquer les lattes du parquet. Je sens un battement d'ailes au creux de mon ventre et suspends ma respiration. Quand je reprends mon souffle, le parfum capiteux de Charlotte Boon a envahi le palier et sa chevelure rousse moutonne autour de son visage au front sévère. Elle jette à peine un œil sur moi et s'adresse à maman, au comble de l'agacement :

« Il a déjà appelé cinq fois ce matin…

– Je suis désolée Charlotte. Je m'en occupe.

– J'espère bien, je n'ai pas les moyens de me payer une standardiste, surtout pour gérer les histoires de cul de madame. Et si tu veux un avis plus personnel, méfie-toi des obsessionnels. C'est compliqué avant, pendant et après ! Cela dit, c'est ton problème… Donne-lui le numéro de chez toi une bonne fois pour toutes, il nous fichera la paix. Retrouve-moi dans mon bureau quand tu auras installé ta fille. »

Je fixe la longue tunique noire qui s'éloigne. La phrase m'a percutée de plein fouet et je déteste la manière dont cette femme s'adresse à ma mère.

Un « il » s'est-il immiscé entre nous ? Sans que j'en sache rien ? Maman me prend la main et m'entraîne fermement vers la salle de dessin. C'est une vaste pièce lumineuse, occupée par plusieurs plateaux de bois rectangulaires posés sur des tréteaux et accolés les uns aux autres. Deux hommes et une femme sont penchés sur des feuilles de papier où se déploient toutes sortes de motifs : un semis de fleurs, des pétales stylisés, des volutes végétales, qui seront ensuite reproduits sur une collection de foulards imaginés par Charlotte Boon. Les dessinateurs me disent bonjour en souriant avant de se replonger dans leur ouvrage. Une autre partie de la pièce est consacrée aux patrons pour les modèles de pulls et de robes en maille, ce sont des formes amples inspirées de tuniques japonaises à dominante noire. J'aime passionnément m'asseoir là, au milieu des dessinateurs concentrés sur leur travail. On m'installe sur un tabouret à l'assise réglable qui tourne à toute vitesse et on me donne une feuille et des crayons de couleur pour m'occuper. D'habitude, je m'amuse d'abord à tourner sur moi-même en vissant ou dévissant le tabouret, pas trop vite pour ne pas attirer l'attention, puis j'observe les mains agiles qui volent au-dessus des planches, les crayons qui reproduisent des courbes, les Rotring qui repassent consciencieusement sur les traits fins, les pinceaux qui viennent poser délicatement la couleur à l'intérieur d'une forme délimitée. Plus tard, quand je serai grande, je ferai comme eux… Mais pour le moment, je suis à l'affût de ce qui se passe dans la pièce voisine, où maman et Charlotte Boon se sont retirées. Je n'entends que des bribes de leur conversation, aucun mot qui me permette d'en déduire le sens. Dans la pièce où je me trouve, un poste de radio, réglé au plus bas, diffuse une nappe de jazz presque couverte par le bruit métallique des règles qui s'entrechoquent sur les tables. Rien d'autre à faire qu'attendre, je n'ai pas envie de dessiner.

C'est alors que la sonnerie du téléphone retentit de son *driiinng* brutal dans l'appartement, amplifiée par les relais métalliques fixés dans toutes les pièces. Une porte s'ouvre et se ferme. Les pas de Charlotte s'éloignent. Maman a dû rester dans le bureau pour téléphoner. L'échange est de courte durée et la sonnerie crie de nouveau une vingtaine de minutes plus tard. J'observe à la dérobée la réaction des adultes qui m'entourent. Ont-ils compris qu'il se passe quelque chose d'anormal ? L'un d'eux s'approche gentiment et me propose de reproduire une fleur inspirée d'un motif Art déco. La matinée s'étire ainsi, interminable, rythmée par d'autres appels téléphoniques, suivis de bruits de pas et d'éclats de voix.

Maman vient enfin me libérer. Il est 11 h 30, il ne reste plus qu'à faire quelques courses dans le centre et à rentrer à la maison pour le déjeuner. J'ai déjà oublié cette matinée bizarre. Maman ne dit rien jusqu'au parking des Halles, un énorme escargot de béton qui s'enroule autour d'un axe central et me rappelle le garage à étages dont je raffolais à l'école maternelle. L'autre était d'un beau rouge vif, celui-ci est salement gris. C'est seulement une fois garées sur l'emplacement 1044 dans la pénombre et l'humidité cimentée que maman rompt le silence. Elle a coupé le moteur, elle s'est retournée vers moi, qui suis plaquée contre la banquette arrière.

« Je vais sûrement changer de travail. Je ne t'en ai pas parlé avant parce que j'attendais de savoir comment les choses allaient évoluer. »

Je ne comprends pas. Y a-t-il un rapport entre les mots de Charlotte Boon, les coups de fil à répétition et le discours de maman ? Je me redresse, m'approche du vide entre les deux sièges avant et interroge :

« Ah bon, mais tu vas travailler où alors ?

– Avec un chef. Un grand chef très connu, il s'appelle Paul Bocuse. Tu sais, il a un restaurant sur les bords de Saône, à Collonges-au-Mont-d'Or.

– Mais pour faire quoi ? Tu vas faire le service ?

– Bien sûr que non. Ce que je fais pour Charlotte Boon en ce moment, je vais le faire pour lui. Ce n'est pas seulement un cuisinier, c'est un chef d'entreprise. Il voyage à l'étranger pour représenter la cuisine française. Il a trois étoiles au guide Michelin. Tu te souviens, tu es déjà allée dans un grand restaurant du même style. Il a besoin de quelqu'un pour s'occuper de son image, faire parler de lui. Il a beaucoup de talent et je n'aurai pas à subir les sautes d'humeur de Charlotte. »

À travers le pare-brise, je fixe la rue en contrebas. Les passants minuscules vont et viennent dans les meurtrières dessinées par les ouvertures bétonnées. Je n'ose pas poser de questions. À la lisière du cadre, un jeune homme interroge un autre homme coiffé d'un chapeau. Une main sort d'une poche et tend un briquet pour allumer une cigarette. Une femme élégante passe, enveloppée dans un manteau à col haut. J'hésite. Je perçois confusément que maman ne me dit pas tout. Son histoire sent le truc d'adulte calibré pour des oreilles de petite fille. Je n'ai pas le temps de réfléchir, la question qui m'obsède depuis ce matin sort d'un coup : « Mais pourquoi il t'appelle tout le temps au bureau ? »

Maman rit et je perçois l'éclat joyeux de ses yeux dans le noir.

« Sûrement parce qu'il s'intéresse beaucoup à moi ! »

Le danger est tapi dans l'obscurité, sournois, sans visage. L'autre a déjà gagné quelque chose de maman.

« Alors tu vas quitter Charlotte Boon ?...

– Ce n'est pas fait, je vais sûrement travailler pour les deux, le temps de voir venir. »

Derrière nous, une voiture vient de se garer et maman vérifie par réflexe que le levier de vitesse est au point mort. On ne va pas rester indéfiniment à discuter dans un parking. Une autre question surgit sans prévenir :

« Est-ce qu'il va venir habiter à la maison ?

– Bien sûr que non. Quelle idée ! »

Je reste silencieuse, tournant autour de cette salve de mots que j'ai détestés, et que je n'arrive pas à aborder frontalement.

« Charlotte Boon avait l'air furieuse...

– C'est une excentrique, tu sais. Il ne faut pas faire attention à ce qu'elle dit. Pour elle, toutes les histoires sont des histoires de cul. C'est juste un nouveau boulot, ma chérie. Rien ne change. Tu n'as aucun souci à te faire. »

La discussion était close, le reste de la journée a filé tout droit jusqu'au soir et mes interrogations sont devenues flottantes. Elle avait dit « rien ne change » et maman a toujours tenu ses promesses. Au dîner, elle a préparé une soupe de poireaux-pommes de terre. Un plat que j'adore. Rien ne ressemble à cette soupe chaude à l'osmose veloutée qui agit comme un onguent. D'abord il y a sa couleur crémeuse, jaune pâle, avec une pointe de vert doux, à peine, parce qu'elle ne met pas les tiges les plus foncées du poireau. Et puis quand je me penche en soufflant sur le bol, je me sens chez moi. C'est une odeur maison que je reconnais les yeux fermés. Dans la bouche, chaque cuillerée est une caresse. Le poireau et la pomme de terre ont fusionné pour un nouveau goût, le goût du réconfort de septembre, assorti aux feuilles d'automne et à l'humidité de l'air. Le velours de cette soupe parfaitement mixée chatoie sur le palais. En principe, il n'y a pas un seul morceau. Et si par malheur une pomme de terre a échappé aux lames acérées du mixeur, je repère la fugitive et l'isole pour la manger séparément. Pas question de laisser sa texture farineuse gâcher le plaisir de l'alliance des fluides. Perchée sur le rebord de ma chaise, les jambes fouettant l'air, effleurant parfois le sol de la pointe des pieds, je chantonne du plaisir de savourer un délice que ma mère est la seule à savoir préparer sur Terre.

On parle de choses et d'autres, on s'amuse de la tête de la voisine croisée sur le palier, on rit très fort parce que maman a versé de l'eau dans son bol au lieu de viser le verre. Aucune ombre ne subsiste entre nous. Pas la moindre trace d'une présence parasite. Notre complicité n'a pas besoin d'un homme.

Avant de me coucher, je choisis un livre dans ma petite collection d'ouvrages illustrés. Celui-ci est intitulé *La Séparation.* Maman me l'a offert au moment du divorce. Je m'arrête, une fois de plus, sur cet échange mystérieux entre deux copines qui parlent d'un homme. Elles sont affalées sur un canapé, jambes en l'air dans le désordre. La première, cigarette à la main, se plaint : « Il est insupportable, je ne peux pas placer un mot en public. Il faut toujours qu'il me coupe la parole. » La seconde, menton sur le poing, commente avec un sourire doux : « Phallocrate, mignon… » Je fixe la scène et j'imagine ma mère en train de prononcer ces mots, je perçois le trait d'humour, mais le terme compliqué à la sonorité étrange me résiste. Ce « phallocrate » savant a un air de brutalité et de toute-puissance qui fait aimer les hommes. Paul Bocuse est-il « phallocrate » ?

Écully, février 1976

Nous n'avons pas été présentés. Du moins, pas officiellement. Il s'est installé dans ma vie à heure fixe, au moment du goûter. C'est un homme de passage, un de ceux qui ne restent jamais longtemps dans une journée et qui sont toujours là trente ans plus tard. Je l'ai su tout de suite, que cet homme-là serait un marbre difficile à déplacer. D'autant plus dangereux qu'il était là aussi pour affaires. Les liens de l'intime n'échappent pas aux enfants. Tout ce que les mots et les corps cachent, ils les captent dans les silences et le trajet des regards. D'ailleurs, si maman est d'une incroyable pudeur, réticente à l'idée de laisser paraître la moindre ambiguïté devant sa fille, lui n'a pas ce genre de scrupule. Il existe, il est pouvoir, puissance autoproclamée, parfois même provocation, dans un jeu muet qui nous oppose tous les deux et qui manifestement l'amuse, lui.

Quand je rentre de l'école, à 16 h 40, il est là. Assis dans la cuisine. À l'heure du goûter. Une masse sombre dans cette pièce blanche et claire. La qualité de la lumière s'en trouve changée. C'est ce qui me frappe : l'étrangeté de cette présence qui ne s'intègre pas dans le décor. Une silhouette encombrante, débordant de ses contours, excédant les lignes pures que maman a tracées dans notre maison. Et puis, il ne s'est pas installé n'importe où. Il occupe ma chaise, celle que maman m'a attribuée depuis que je suis arrivée dans cet appartement. Dos à l'évier. Un poste stratégique d'où l'on embrasse tout : le réfrigérateur, la cuisinière toute neuve – une Rosières quatre feux dont maman prend le plus grand soin –, la baie vitrée qui donne sur le parc et, surtout, la porte. C'est la meilleure place. Quand on siège là, on est forcément la sentinelle des allées et venues de tout le monde. Même si personne, en principe, ne s'invite à une heure pareille… Qu'importe, on observe les allées et venues de maman. Évidemment, avec son instinct de chien de chasse, il n'a pas choisi cette chaise par hasard. Pire, c'est peut-être même maman qui la lui a cédée le plus naturellement du monde, sans penser à mal. Au maître, on donne toujours la meilleure place.

Dès le début, j'ai le sentiment d'une incongruité. Un homme dans notre vie de femmes. Chez nous, ce n'est pas un lieu fait pour les hommes. Il faut de la légèreté, de la souplesse, une élégance de danseuse pour aller d'une pièce à l'autre, parcourir le couloir exigu, entrer dans la petite salle de bains, ou encore s'asseoir, le dos droit, sur le double matelas recouvert d'un drap blanc impeccablement tendu, qui fait office de canapé dans le salon. Quand il entre dans l'appartement, toutes les règles tacites qui régissent notre quotidien volent en éclats. Ses grosses semelles marquent la moquette qu'il n'est pas question de fouler en chaussures. Ses mains saisissent les objets sans précaution et les reposent indifféremment à une place qui ne leur a pas été attribuée. Maman anticipe et le précède autant que possible un peu partout. En particulier dans les toilettes, où elle soulève discrètement la lunette à toutes fins utiles. Quand il se lave les mains, elle a déjà disposé une serviette propre sur la tablette et l'eau qu'il fait couler à flots se répand comme un sacrilège de chaque côté du lavabo. L'éponge fidèle et attentive lui emboîte le pas. Je pressens dans ces menus gestes désinvoltes les signes avant-coureurs d'une prise de pouvoir. Il n'agit pas par hasard, il bouscule volontairement l'ordre établi. Imperceptibles pour un observateur de passage, ces petits riens sentent la subversion, le marquage de territoire, le chien qui fait trois gouttes autour du pâté de maisons. Dans notre maison. J'observe, je m'étonne de l'abdication de maman, tandis que moi-même, je n'oserais pas faire le moindre de ces faux pas. Je connais toutes les marottes de maman par cœur, j'anticipe, je sais les bons gestes pour mettre de la fluidité dans notre quotidien. Un homme comme lui, logiquement, ne devrait pas tenir plus de quelques mois. C'est ce que je veux croire.

Il ne reste pas longtemps. Vingt minutes, parfois moins. Mais il vient presque tous les jours. Du lundi au samedi, à heure fixe. Jamais le dimanche. Quand je rentre de l'école, je perçois sa présence sur le pas de la porte. Surtout quand il pleut. C'est comme si l'atmosphère se gorgeait d'eau tout à coup, laissant en suspension dans l'air une odeur de tourbe et de marais, une étrange odeur d'ailleurs. Quand j'entends sa voix, quelque chose se ferme en moi. Cadenas, gilet pare-balles, verre Securit. Les émotions ne passent plus, je suis devenue un bloc de granit. Aucune colère, non. Je ne me mets jamais en colère. Je m'absente simplement de moi-même. Tout à coup sérieuse et détachée, inaccessible, adulte. À l'extérieur, rien n'y paraît. Je respecte les codes de la maison et les formules de politesse à la lettre. De ce côté-là, rien ne change. Je retire mes chaussures sur le palier pour ne pas salir la moquette, pose mon cartable dans ma chambre en gardant mes chaussures à la main puis je m'arrête sur le seuil de la cuisine et dépose ma paire de ballerines vernies noires sur les carreaux. Lui, il dit « souliers », et il les garde aux pieds. « Souliers », un mot que plus personne n'emploie. Sauf mon grand-père, peut-être.

Quand il est là, je sais que je dois me taire, que mes histoires de petite fille ne font pas le poids face à leurs problèmes d'adultes. J'attendrai le soir pour raconter à maman que j'ai été interrogée en récitation, que j'ai bien mis le ton et que la maîtresse, malgré son hostilité naturelle envers moi, m'a félicitée. Inutile de gâcher toute cette joie. Maman ne serait pas attentive. Je fais ce qu'on attend de moi. Je me dirige vers lui pour l'embrasser sur les deux joues. L'effleurer plutôt, en prenant soin de ne pas poser les lèvres sur sa peau pour éviter tout contact charnel, tandis qu'il me fait un de ces baisers mouillés et sonores que je déteste. Quand il reste un peu de salive sur ma joue, je m'essuie du revers de la main et l'odeur qui monte tout à coup me répugne. Une odeur d'homme mûr, intime et étrangère que je ne veux pas connaître. Si *j'oublie* de l'embrasser, il me toise en fronçant le sourcil droit et prend une grosse voix : « Viens me faire un mimi. » Un mimi… un mot d'une autre époque. À moins qu'il ne cherche un vocabulaire enfantin pour se mettre à la bonne hauteur.

Sa large carrure déborde des chaises de bistrot qui sont arrivées récemment dans notre cuisine. Maman, le plus souvent, n'est pas assise. Elle virevolte autour de lui, prépare le thé, le laisse infuser, le verse dans sa tasse, ajoute un nuage de lait en poudre qu'il arrête de la main. « Hop hop hop, malheureuse… » Ce rituel du thé au lait s'est installé avec lui. Moi aussi j'ai droit à une tasse de cet Earl Grey parfumé, lacté et sucré, dont je chercherais en vain, plus tard, le dosage parfait. Assise en face de lui, j'écoute à peine leur discussion et je m'absorbe dans ces volutes soyeuses qui réconfortent, fixant le dessin du pré vert tendre où broutent les vaches bicolores de la boîte de Régilait. Parfois, il raconte des blagues grossières auxquelles je ne comprends rien. Quand il dit « Tiens, j'en ai entendu une bien bonne », je vois que maman se raidit, comme si elle sentait la catastrophe arriver, mais rien n'y fait. Il se lance, parlant bas avec un air de défi qu'il tempère au moment de la chute avec une moue de petit garçon pris en faute.

« Le point commun entre les femmes et les sangliers ? Élevés aux glands et aux marrons, les deux sont bien meilleurs ! » Je la comprendrai des années plus tard. Maman ne rit pas vraiment à ses blagues, mais elle le regarde avec indulgence, comme si elle lui disait « Arrête » et « Continue » en même temps. C'est un truc qui m'exaspère. Comme lorsqu'elle semble l'excuser en m'expliquant qu'il est « pince-sans-rire ». À quoi ça rime ? Soit on rit pour de vrai, soit on ne rit pas. Faire semblant d'être sérieux alors qu'on a envie de rire : pour quoi faire ?

Face à l'ennemi, je choisis la résistance passive, comme ce mardi du mois de février 1976. C'est un jour d'école pareil aux autres, un de ces jours bruns qui sentent la pluie et la mélancolie. La matinée s'était déroulée entre conjugaison et exercices de grammaire. J'avais discrètement agrandi le trou de mon pupitre en creusant avec la pointe de mon compas. Et puis, les complications s'étaient accumulées. Cécile, ma meilleure amie, était restée collée pendant toute la récréation à une petite nouvelle, arrivée le matin même dans la classe. À l'heure du déjeuner, je m'étais fait gronder par la cantinière parce que j'avais laissé du gratin de chou-fleur qui sentait l'égout. Et, pour finir, j'avais raté le contrôle de maths en me trompant dans la technique de la division.

C'est dans cet état de contrariété que je me dirige vers la sortie, impatiente de rentrer à la maison pour confier à maman mon trop-plein de chagrin. Emmitouflée dans mon loden vert, cartable sur le dos, je franchis le portail de l'école, tête baissée, remâchant la journée avec au fond de la gorge ce goût d'amertume qui se mêle au sel des larmes qu'on ravale à tout prix. Il me suffit d'un battement de cils pour comprendre. Sa voiture est garée sur le trottoir d'en face. Il a baissé la vitre et me fait un signe de la main. Je me fige. Il est là, il est venu me chercher, alors qu'il ne me faut pas plus de cinq minutes à pied pour rejoindre l'appartement. Je ne réfléchis pas. Mon regard traverse Paul jusqu'à se perdre à l'horizon, au-delà des chênes qui balancent leur feuillage dans le parc de la maison voisine. Je n'ai rien vu. Je ne suis pas concernée. Je prends donc le chemin du retour, sans hésiter. Il a démarré le moteur et me suit en roulant au pas, à un mètre de moi. Je m'arrête pour traverser la route départementale qui mène au village. Il stoppe au passage piéton pour me laisser passer. Il a sorti la Mercedes noire, astiquée, excessivement luisante. J'emprunte la rue étroite qui conduit à la résidence. Il est de nouveau tout près de moi, baisse sa vitre et m'interpelle. « Allez, cocotte, monte, je te ramène à la maison. » Je ne réponds pas, j'ai chaud à la tête et ça bourdonne à l'intérieur, mais je continue à regarder droit devant, les yeux fixés sur la ligne de crête d'un sommet que je gravis intérieurement, le sommet du mépris où culmine une tranquille indifférence. La voiture est à ma hauteur. Pourquoi monterais-je ? Mon corps s'est raidi et je sens des frissons qui courent sur ma nuque comme s'il allait m'attraper par le col. Je résiste à la peur de ma propre audace. Pas question de m'asseoir sur ce siège en cuir profond conçu pour endormir les sens. Ce cuir qui sent le neuf et l'argent des autres. Je suis droite, altière, inflexible. Et le voilà qui me supplie de nouveau avec un accent de sincérité qui me prend par surprise : « Allez, viens, arrête de faire ta tête de mule. » Je tiens, je tiendrai. Dans mon refus de répondre, j'engage toute ma volonté. Je sais que je lui fais violence à travers ce silence buté qui manifeste toute l'étendue de ma liberté. De toute façon, il est trop tard pour changer d'avis. Je ne l'ai pas reconnu, je ne le connais pas, c'est l'unique raison qui me pousse à marcher sans me laisser distraire. Je suis absorbée dans mes pensées. Pas question de tourner la tête, même pour faire un signe au garagiste dans son bleu de travail, de l'autre côté de la rue. Celui dont je guette volontiers le beau visage et qui m'amuse quand il surgit, tout noirci, avec un large sourire de la grande bouche des capots. Je passe devant la cantine de l'école. Bientôt, je vais bifurquer et emprunter les dalles réservées aux piétons, et lui sera obligé de poursuivre sa route jusqu'à l'entrée de la résidence, deux cents mètres plus loin. Maintenant, je l'entends qui accélère pour me doubler en faisant ronfler le moteur. La Mercedes noire file, rageuse, vers maman et disparaît de mon champ de vision. Je m'arrête. Relâchement du corps, tremblements, sensation de faiblesse qui se fraye un chemin dans mon ventre, jusqu'en bas. J'ai gagné, je l'ai superbement ignoré, lui qui pense que rien ne lui résiste. Je lui ai résisté. Rien ni personne ne peut m'obliger à accepter cet homme. Je me sens grandie tout à coup d'avoir exploré le champ du refus. Cet espace que je m'interdis habituellement. Parce que je suis sage, docile, polie, bien élevée. Parce que je ne veux pas faire de peine à maman. Ni à papa d'ailleurs. Et tout en marchant lentement jusqu'à la maison, je prends conscience de mon audace, redevenue toute petite dans la main des grands. Ai-je été impolie ? Maman en souffrira-t-elle ? Va-t-elle m'en vouloir, me gronder ? C'est la première fois que le mépris que j'ai pour lui se manifeste aussi clairement. Alors que je mets depuis le début un point d'honneur à ne pas prendre parti pour ne pas froisser maman.

En descendant la pente qui mène au hall d'immeuble, j'observe la Mercedes du coin de l'œil. La présence de cette voiture devant l'Austin Mini de maman me met systématiquement mal à l'aise. Le bâtiment, dessiné en demi-cercle par l'architecte, forme une sorte de théâtre où tous les balcons sont orientés vers le parking, permettant aux résidents de faire la chronique journalière des départs et des arrivées des voisins. Maman et moi, on ne s'en prive pas non plus. C'est un jeu assez amusant d'observer d'en haut qui fait quoi. Ceux qui rentrent des courses les bras chargés de paquets – on essaye de distinguer les marques à distance –, ceux qui reviennent de l'hypermarché fâchés et continuent à s'engueuler à voix basse, le fils du troisième qui a une nouvelle petite amie, la dame du cinquième qui prépare le mariage de sa fille, la mère de famille nombreuse qui transporte sa tribu par morceaux, le petit papy au chapeau mou qui fait des politesses à une élégante voisine aux cheveux blancs. Mais tous ces gens ont une vie normale. Les appartements sont occupés par des familles ou des couples, les studios sont réservés aux étudiants et aux célibataires. Les cases sont remplies dans le bon ordre. Personne n'est séparé ou divorcé. À la rigueur, une veuve s'est remariée, mais aucune femme seule ne reçoit chez elle, ou de façon si discrète qu'aucun voisin ne pourrait, comme dit ma grand-mère, en faire des « gorges chaudes ». La voiture de Paul trahit maman et ce doigt pointé sur leur différence me blesse. Les enfants détestent sortir de l'ordinaire.

Lorsque j'arrive à la maison, il est déjà assis dans la cuisine, à sa place, et maman est à sa gauche, plongée dans ses dossiers. Je dis bonjour à la cantonade, maman m'embrasse et me verse une tasse de thé au lait sucré, que je pose à côté de ma tranche de pain beurrée saupoudrée de Nesquik préparée d'avance. Le conflit muet que nous venons de vivre ne semble pas avoir eu lieu. Tout est lisse. Je ne distingue pas l'ombre d'une contrariété. Tant mieux, après tout. Cette histoire ne regarde que nous. Paul me donne même l'impression de chercher à copiner en me demandant comment s'est passée ma journée. Il s'adresse à moi avec une sollicitude qui ne lui ressemble pas et qui me déplaît :

« Tiens, cocotte, est-ce que tu sais éplucher une pomme ? »

Il prend le fruit dans sa main gauche, se saisit de l'Opinel qu'il a toujours dans sa poche, déplie la lame et en essuie les deux faces sur la poche de son pantalon. Puis il attaque le fruit au plus près de la queue et le déshabille en glissant le couteau le long de sa forme ronde. Sa main avance avec sûreté et précision. La pomme nue finit par lâcher une longue guirlande d'épluchure qui s'enroule sur elle-même et tombe d'un coup sur la table comme un serpentin abandonné après la fête. Maman sourit et s'enthousiasme. « Tu as vu ma chérie ? C'est chouette, non ?

– Des années de travail », conclut Paul.

Je murmure un vague compliment et enfonce le dernier morceau de pain au lait dans ma bouche pour en finir au plus vite. Ils ont des affaires urgentes à traiter, les devoirs m'appellent.

Installée dans ma chambre, le Bled ouvert à la page de l'exercice de conjugaison du jour, je fais des efforts pour me concentrer. Mais j'ai surtout envie de jouer. Aux Playmobil, pourquoi pas. Je dis d'ailleurs « pla-i-mmo-bile », parce que je n'ai pas encore appris l'anglais. Et que j'attache beaucoup d'importance à la diction. Je détache chaque syllabe pour être sûre de prononcer parfaitement le mot. Le Bled ne fait pas le poids, avec un nom pareil. J'en ris souvent avec maman, de ce mot moche qui donne l'impression qu'on l'a vomi. *Bleeeeed.* Et avec ça, pas une image, des textes serrés aux lettres minuscules qu'il faut regarder à la loupe si on ne veut pas se tromper de ligne.

Je préfère rêver à l'intrigue de mon prochain jeu. Mon lit serait un grand désert où je pourrais faire des dunes en glissant quelques paires de chaussettes sous le couvre-lit. Au bout, il y aurait une oasis que je figurerais avec des morceaux de laine bleue. Je pourrais aussi organiser une tente sur la moquette pour le campement.

Tout en réfléchissant aux personnages que je vais choisir pour incarner l'aventure, j'entends maman et Paul qui se rapprochent pour s'installer dans la chambre voisine. Je sais que Paul retire ses chaussures et s'allonge tout habillé sur le lit. Il a parfois besoin de se reposer, un laps de temps très court. Maman ne ferme pas la porte. Ils n'ont rien à cacher. Souvent, elle lui masse les pieds pour le détendre. J'ai déjà aperçu ses grands pieds dans leur fourreau de chaussettes noires et les mains de maman qui s'exécutent docilement, pressant la pulpe sous le gros orteil et insistant sur cet arrondi qui déborde drôlement de la ligne intérieure. Paul commente en lui demandant d'insister là ou là, en poussant des soupirs de satisfaction. Oui, c'est bon. Continue.

Mais cette fois, ils discutent. Très bas. Et je comprends qu'on parle de moi. Je ne perçois pas tout, mais je saisis que Paul a raconté à maman la scène de l'après-midi. Qu'ils appellent tous les deux d'un ton amusé ma « bouderie ». Maman a dit : « Ça lui passera. » Je sors mes Playmobil un à un, méthodiquement. Je réfléchis à la manière dont je vais disposer le terrain de jeu. Ma concentration est extrême. Il n'y a plus que cette histoire de désert et de tente qui compte, pour les minutes et même les années à venir. Le monde des adultes ne m'intéresse pas. Ils vivent dans un temps qui n'est pas le mien, un temps où tout change et tout passe. Dans mon monde à moi, rien ne passe. Tout est immuable et éternel, maman, l'école, les exercices du Bled et l'heure du bain.

Écully, novembre 1976

Maman a commencé à voyager. Avec lui. Cela fait partie de ses nouvelles missions. Quelques courts séjours ici et là, d'abord. Et très vite, de longs voyages. Dix jours, quinze jours, trois semaines. Une éternité. Je ne sais pas pourquoi je ne vais pas chez mon père à ce moment-là. Je ne cherche pas à savoir. Je ne pose jamais de questions. Je joue et j'attends beaucoup. J'observe aussi, les moindres détails. J'épie les gestes annonciateurs, les signes du départ. C'est sans doute à cette époque que je développe le don de deviner l'autre à travers le langage des corps, dans le repli des silences feutrés. Je me rends invisible, animale, féline, instinctive, glissant comme une ombre entre les conversations, faisant corps avec l'environnement, ouïe à fleur de peau, sens en éveil, absorbant des bribes de mots, humant le désir d'ailleurs flottant comme un sillage autour de maman. Saisir tout ce que je peux par tous les moyens. Saisir à tout prix ce qui se joue autour de moi pour assurer ma survie. Quand, où, combien de temps ? Je dois savoir pour me préparer, construire une carapace, le mur des défenses qui me protégera contre toute intrusion douloureuse. Si possible.

Maman n'annonce pas trop tôt ses déplacements pour éviter de laisser fermenter l'attente. Elle pense qu'il faut agir vite, comme pour les piqûres ou les vaccins. Quand elle sent qu'elle ne peut plus reculer, elle parle. D'un air détaché et très formel. « Tu sais, ma chérie, le 6 novembre, je pars à New York pour deux semaines. » J'avale tout rond, pour faire passer le goût amer. Et puis, très vite, je classe l'information. Sur le moment, j'ai senti un choc sourd. Comme un genou qu'on cogne dans une porte et qui n'empêche pas d'avancer. Rien de plus. La vie continue et le silence s'agrège autour de la nouvelle, c'est une sorte d'isolant qui met la réalité à distance. Le temps ralentit et chaque mouvement devient plus lourd, plus épais dans les jours qui précèdent le départ. On flotte, en attendant d'entrer dans l'engrenage du compte à rebours. Dans ma chair, je sens s'installer un corps étranger, une pierre noire qui me donne de la gravité. Cette chose qui durcit en moi, et que je n'ai pas les moyens d'appeler « révolte », je la vis comme un processus de densification. Je pourrais me changer en épée, en silex, en lame qui tranche et pourfend. Je suis projet, je suis projection, je suis demain. Rien qui puisse me rattacher à l'instant qui cloue dans la souffrance. Rien qui puisse enrayer la marche du temps.

Les préparatifs ont débuté plusieurs jours avant le 6 novembre. Maman a commencé par sortir une valise qui sert de point de convergence. Une zone tampon, installée contre le mur, face à son lit, où elle va rassembler des éléments importants qui seront réorganisés par la suite. Elle ne fait pas sa valise, elle la construit dans un exercice qui relève plus de la prouesse architecturale que du rangement. C'est là que débute ma prise de conscience, le lent étirement des ligaments du cœur qui aboutira au déchirement de la séparation. J'observe avec quel soin et quelle minutie maman prépare les moindres détails qui vont l'éloigner de moi, petits hauts seyants, robes du soir, nuisettes soyeuses, coupe-vent en cas d'intempéries, trench-coat en prévision de la pluie, foulards et lunettes noires pour se protéger du soleil... Des toilettes élégantes qui peu à peu ont gagné son armoire, où l'année dernière encore s'entrechoquait une armée de cintres vides.

Deux jours avant la séparation, les séances de repassage s'intensifient, précédant le remplissage de la valise par strates : les slips pliés en trois, les paires de chaussettes rassemblées en boudins, les chaussures plates enveloppées séparément dans des sacs en tissu composent un fond dont les pièces s'imbriquent comme un puzzle. Ce premier niveau qui doit assurer une horizontalité presque parfaite accueille un deuxième étage de vêtements du quotidien qui ne craignent pas les plis : tee-shirts, jeans, pulls qui s'abouchent harmonieusement les uns aux autres. La dernière strate est réservée aux vêtements qui ne souffrent pas d'être comprimés : tailleurs, pantalons fluides, jupes et robes aux tournures vaporeuses. Les tissus les plus sensibles sont emballés à part, dans un papier de soie blanc crème ou rose pâle que maman scelle d'un adhésif et que je contemple avec ravissement. L'espace d'un instant, je me suis projetée dans ces maisons somptueuses, ces demeures de ministres, d'émirs, de milliardaires, ces palaces inaccessibles où Paul est invité à l'autre bout du monde en compagnie de maman pour régaler la galerie. La valise sera fermée au dernier moment pour limiter le temps de froissage. À moins que maman ne la laisse ouverte sciemment pour me donner l'illusion qu'il nous reste du temps.

Pour me garder en son absence, ma mère a trouvé une solution qui a toutes les apparences de la stabilité familiale. À chaque voyage, elle me confie aux Gauthier, une famille digne de confiance qui loge dans la même résidence que nous. Éliane est mère au foyer, son mari, Robert, est ingénieur. Elle ne les a pas choisis par hasard, ils ont deux filles, Valérie et Stéphanie, âgées de neuf et sept ans. Elle a pensé que ce contact avec deux enfants de mon âge me ferait du bien. Que je découvrirais les joies de la fratrie. Et je me suis adaptée. Je me suis même adaptée avec une facilité déconcertante. Polie, bien élevée, mangeant avec appétit, répondant aux questions de bonne grâce. Je ressens comme une nécessité intérieure de figurer l'hôte parfaite aux yeux de ces étrangers. Peut-être pour donner le sentiment qu'on pourrait ne pas payer pour me garder.

Le 5 novembre a fini par arriver. Veille de la séparation. Et le 6 novembre aussi. Pas besoin de regarder un calendrier, je sais depuis deux semaines que ça tombe un vendredi. La pire configuration. Commencer la descente en apnée par un week-end. Deux longs jours de vie de famille à partager sans échappatoire, où chaque geste du quotidien m'obligera à jouer la comédie du bonheur familial. C'est à cet obstacle qu'il faudra surmonter dès ce soir que je pense en rentrant de l'école. Il fait presque nuit. Quelques feuilles recroquevillées s'agrippent désespérément aux arbres. Dans la rue qui mène au portillon de la résidence, les réverbères soufflent des cônes de lumière blafarde où dansent les insectes. J'entends le bruit régulier de mes bottines sur l'asphalte, celle de droite sonne plus clair que celle de gauche. Je shoote dans les graviers qui se présentent sur ma route. C'est important. Il ne faut pas en manquer un. Si je rate mon coup, je reviens en arrière. Mon souffle creuse des auréoles vaporeuses dans l'air froid. Mes oreilles me donnent l'impression de brûler sous l'effet de la glace.

Je pense à l'appartement des Gauthier. Il est construit sur un plan symétrique au nôtre, avec une pièce en plus. L'entrée, la cuisine, le salon-salle à manger ont les mêmes proportions et donnent une illusion de familiarité. Même moquette marron, même balcon filant, mêmes baies vitrées donnant sur le parc. Tout est désagréablement identique et foncièrement différent. Comme une trahison, un faux dépaysement. Tu es ici chez toi. Ah oui ? Dans cette famille payée pour m'accueillir, dans cette intimité qui n'est pas la mienne ? Quand je passe un week-end ou des vacances chez une amie, c'est autre chose. La complicité change le décalage en pittoresque et je m'amuse à me projeter dans la vie de l'autre comme si j'étais née ailleurs. Avec les Gauthier, j'ai le sentiment d'entrer par effraction chez les voisins, chaque aspérité se mue en détail impudique, avec la désagréable impression que je ne regarde pas où il faut.

À l'horizon, j'aperçois une dernière lueur laiteuse qui va bientôt sombrer derrière le mur de la résidence. Tout est mat, engourdi, sans vie. Au moment d'attaquer la descente, mon pas ralentit. C'est l'heure du goûter et je n'ai pas faim. La séquence de fenêtres des Gauthier est éclairée. Je repère la chambre de Stéphanie et, à côté, celle de Valérie, où je vais dormir ce soir. Je sens monter une envie de pleurer que je refoule dans ma gorge, la douleur roule derrière mes yeux brûlants. Mes cordes vocales me font mal tant je contracte les muscles. Ce n'est pas le moment, pas question de montrer un signe de faiblesse devant maman. Je monte les trois volées de marches jusqu'au palier de l'appartement. Je retire le cordon en cuir auquel est attachée la clé que je porte autour du cou quand je vais à l'école. En la glissant dans la serrure, j'entends *sa* voix. Il est déjà là. Je suspends mon geste. Tous les sons passent à travers la porte mince. Il parle dans son menton, d'une voix monocorde, je l'imagine tête baissée, avec cette nuance d'ironie qu'il prend pour faire passer certains messages.

« T'étais où ce tantôt ? »

J'entends des bruits de bols qui s'entrechoquent, des couverts qui plongent dans le tiroir, une chaise qui grince sur les carreaux de la cuisine. Maman ne répond pas tout de suite.

« J'avais des courses à faire avant de partir.

– T'as passé l'après-midi dehors. J'ai appelé à 2 heures, tu t'étais déjà fait la malle, et 4 heures t'étais pas encore rentrée. »

Je retiens mon souffle, la main levée, prête à glisser la clé dans la serrure, hésitant entre l'envie d'interrompre l'interrogatoire pour libérer maman et le désir d'en savoir plus.

« Écoute, Paul, il faut que je m'organise. On part quinze jours et je laisse Eve-Marie aux voisins, ça se prépare.

– Ouais. T'as pas plutôt le feu au cul, dis-moi ?

– Sûrement…

– T'étais peut-être avec ton ex-mari. J'en entends plus parler de celui-là. »

Je sens la colère monter en moi et j'attends la riposte de maman, qui n'a aucun compte à rendre dans ce domaine. Mais maman reste incroyablement docile et répond avec douceur.

« Tu sais bien que je ne le vois plus. D'ailleurs ce serait plutôt une bonne nouvelle qu'il me fasse signe de temps en temps…

– Si tu as besoin de quelque chose, t'as qu'à demander. Je suis là.

– Je ne veux pas te déranger, tu as une famille à nourrir. Deux même, je crois, si mes souvenirs sont bons…

– Fais la maligne. »

Je me décide à mettre fin à la discussion. Je fais du bruit dans la serrure, frotte mes pieds sur le paillasson avant d'ouvrir la porte. Maman s'est précipitée à ma rencontre. Nos regards se croisent. Elle esquisse un geste vers la cuisine pour rappeler la présence de Paul. Je m'acquitte rapidement du baiser réglementaire et je vais dans ma chambre. Ma petite valise bleu marine est prête et porte une étiquette qui ne sert à rien, soigneusement renseignée au feutre noir par maman. Ma chambre me donne l'impression de n'appartenir à personne, déjà étrangère, presque hostile. Tout l'appartement sent le vide du départ. Comme si chaque pièce avait été mise en sommeil, lissée, plongée dans du formol pour une durée indéterminée. Bien qu'il soit difficile d'ajouter de l'ordre à l'ordre dans cette maison où tout est toujours tiré au cordeau, maman réussit à franchir un cran supplémentaire au moment de partir. Le changement est perceptible à quelques détails significatifs. Le bureau maternel est lisse comme une patinoire, le couvercle de la cuisinière est rabattu et il n'y a plus ni fruits ni légumes dans le compotier. À la tombée du jour, maman ne repliera pas la partie supérieure du drap en éventail, comme font les femmes de chambre dans les grands hôtels, en déposant les oreillers bien gonflés contre la tête de lit. Nos deux lits resteront fermés, raides, scellés dans leur courtepointe immaculée. La lumière aussi, qui inonde habituellement toutes les pièces, a baissé d'un ton. Seules quelques lampes balisent le parcours, comme ces feux de détresse clignotant au loin sur la bande d'arrêt d'urgence, le long d'une autoroute plongée dans la nuit noire.

« Ma chérie, viens prendre ton goûter avec nous ! Paul a apporté de la brioche. »

Une belle brioche moelleuse et dorée, à la mie aérienne avec du sucre gros grain. Je la connais et je la savoure malgré tout, pressentant sans l'accepter que le plaisir des sens peut être en contradiction avec la volonté. Car tout mon être la refuse, cette brioche de l'autre, salement parée comme une princesse, joliment tournée, généreusement beurrée, insidieusement faite pour épouser les contours du palais et s'échapper en neige biscuitée vers ma gorge serrée. Elle devrait avoir le goût de la trahison cette brioche, et pourtant je la mange, je la savoure sans me l'avouer et mon corps en redemande. Après tout, il suffit de s'essayer à la dissociation. J'en aurai tant dans la vie des occasions comme celles-là. Se concentrer sur l'ingrédient et oublier le symbole. Est-ce ce genre d'abdications qui prépare toutes les autres ? Qui feront de l'adulte cet être formidablement doué pour les compromis. Si j'avais lu Anouilh à ce moment-là, j'aurais dit que manger de la brioche, c'est lâcher Antigone pour passer du côté de Créon.

Il est parti. Avant d'aller chez les Gauthier, j'ai encore le temps de prendre mon bain. Maman tient à ce que j'arrive propre comme un sou neuf. Je fais vite pour secouer ce goût de cendre qui entre en moi depuis mon retour d'école. Je me glisse dans ma chemise de nuit préférée, celle avec le col festonné et les trois boutons rouges. J'enfonce mes bras l'un après l'autre dans les manches de ma nouvelle robe de chambre rose pâle en Courtelle, que je noue à la taille. Enfile des chaussettes hautes que je retourne sous le genou, sinon ça me gêne quand je marche. J'exécute chaque geste lentement, comme un soldat qui met son armure pour partir au combat. Je sens le propre jusqu'au bout des cheveux. Puise de nouvelles forces dans le parfum frais et fleuri du linge. Le monde de maman, je l'emporte avec moi. Au moins jusqu'à la prochaine lessive.

On y va. Oui, on y va. C'est le moment. Le chemin qui conduit du deuxième étage de l'allée 2 au premier étage de l'allée 3 est court. Il y a même un raccourci pour éviter de passer par l'extérieur. Dans ce cas, on s'arrête à l'entresol, l'étage des studios, et on emprunte un long balcon couvert qui donne sur le parc. On suit les murs blancs, au crépi tellement pointu qu'ils ont l'air tout hérissés d'épines. Pas intérêt à les longer de trop près si on ne veut pas s'écorcher les mains. Je préfère fixer les dalles veinées de marbre qui me font penser à un ciel zébré d'éclairs. Ça va passer très vite, tu sais, a dit maman. Je ne sais pas. Ma petite main est glissée dans la grande main de maman, chaude, réelle, bien vivante. Et ça suffit. Demain n'existe pas. D'ailleurs peut-être qu'on va s'immobiliser maintenant toutes les deux, pétrifiées pour l'éternité sur cette coursive ouverte à tous les vents. Face à l'air froid qui mord mon visage, j'ai l'impression d'être à l'avant d'un paquebot ondulant sur une mer de branches sombres, prête à nous emporter au loin. Trente et un, trente-deux, trente-trois. J'ai fait les comptes. Il faut soixante-seize pas, en principe, pour arriver chez les Gauthier quand on passe par le raccourci. La porte à double battant, la lumière jaune de l'ascenseur et, déjà, le palier des autres. C'est l'odeur étrangère qui me frappe d'abord. Pas une signature nette et clairement identifiable. Non, c'est quelque chose d'intrinsèque, tissé dans la chair des lieux. C'est un fond qui vient de la cuisine, des plats qu'on prépare le plus souvent, entre odeur de gras et de gratins oubliés au four, mélangé à l'odeur des meubles, aux nettoyants ménagers, à l'absence d'aération, aux parfums d'ambiance, aux strates de vie qui s'accumulent et macèrent lentement à l'insu des occupants. C'est un mélange de toutes ces émanations qui composent une identité olfactive unique, presque une empreinte digitale des intérieurs. Impossible de détacher précisément les éléments qui la composent. Ce précipité raconte les locataires. Celle des Gauthier est doucereuse et sérieuse à la fois. Avec une nuance vanillée qui écœure.

La sonnette scande un joli rythme à deux tons, un *ding dong* guilleret qui vient percuter ma douleur, en même temps qu'elle balance une décharge électrique dans mon corps, raidi, au garde-à-vous. Une vague de chaleur a bondi là, dans ma poitrine, et se répand partout. Transformée en fine pellicule glacée au moment où la porte s'ouvre. Éliane porte un tablier à fleurs et sourit. Valérie et Stéphanie la rejoignent, collées à ses basques. *Consonne, M, voyelle, E, voyelle, I, consonne, G, consonne, T.* Je reconnais l'enchaînement des *Chiffres et des lettres* échappé comme un mantra du poste de télévision au salon. Ma grand-mère n'en rate pas une non plus. M. Gauthier s'acquitte d'un salut poli avant de retourner s'asseoir dans le canapé, laissant les femmes à leur discussion de femmes. Il a manifestement monté le son pour ne rien manquer des réponses des deux candidats. J'entends battre le tic-tac de l'attente sur un fond de jazz ordinaire, et cette matière sonore se confond avec le compte à rebours du départ. Les femmes échangent rapidement sur les questions d'intendance, linge, dates, préférences, emploi du temps… On espère que tout se passera bien. Comme d'habitude, il n'y a pas de raison, elle n'est pas difficile. En cas de problème, une fiche détaillée indique la marche à suivre. Tout est consigné sur le bristol. L'assurance tous risques couchée sur cinquante centimètres carrés. Quoi qu'il en soit, Éliane a tout organisé pour m'accueillir et me l'explique en me tenant les bras et en s'agenouillant à ma hauteur.

« J'ai fait comme la dernière fois : Stéphanie dormira avec sa grande sœur, je lui ai installé un matelas par terre. Elles sont ravies de t'avoir, tu sais. »

Les filles sont invitées à m'accompagner dans la chambre. J'attrape au vol un mot savant dont j'ignore le sens « en huit lettres… esse, té, i, gé, ème, a, té, eu, stigmate ». M. Gauthier laisse échapper un sifflement à deux tons, couvert par un brouhaha d'applaudissements.

La chambre de Valérie est très différente de la mienne. C'est une vraie chambre de petite fille avec un papier peint à grosses fleurs orange, un pouf blanc en peluche à poils longs, une cuisinière avec sa dînette, et des étagères en bois où sont rangés des livres de la Bibliothèque rose – elle a des Fantômette, mon héroïne préférée – et des jeux de société comme Le Dix de chute. Elle a aussi toute une collection de Barbie. Mais ces mannequins en plastique ne m'intéressent pas, elles me font même un peu peur avec leurs yeux fixes, leurs lèvres peintes, leurs bras et leurs jambes lustrés, faussement souples, dont les articulations émettent un craquement désagréable quand on les plie. Maman m'a toujours dissuadée d'en demander. Elle les trouve vulgaires. Je préfère les vrais poupons qui ferment les paupières dès qu'on les allonge.

Plongée dans mes pensées, je suis restée figée au milieu de la chambre sans prêter attention aux mouvements de Valérie qui court en tous sens pour installer une rangée de boîtes et de paquets vides sur son bureau. « On va jouer à la marchande. Stéphanie, tu m'aideras au magasin. Va chercher les billets du Monopoly pour l'argent ! Eve-Marie, on dirait que tu fais tes courses. Tu prends plein de trucs et après tu vois que tu n'as pas assez pour payer, alors on dirait que tu volerais une boîte de biscuits en cachette. Viens, on commence. » Je n'ai pas envie de jouer à la marchande, je suis paralysée par la mélancolie du soir. Prise dans l'étau de cette chambre hostile. Mon courage de petit soldat m'a abandonnée. Valérie a les joues rouges, elle est surexcitée. Elle me prend par la main et me montre les gestes que je dois faire pour me pousser à entrer dans l'histoire. Valérie adore commander. Habituellement, elle doit se contenter de sa sœur, mais ce soir et pour deux semaines entières, elle a tout le loisir d'exercer son pouvoir sur un nouveau sujet.

La tension qui monte dans la chambre a presque escamoté le départ de maman, qui m'appelle d'une voix faible : « Eve-Marie, tu me dis au revoir ? »

En attendant mon arrivée, Éliane se croit obligée de tempérer une éventuelle déception : « Vous savez comment sont les enfants. Tant qu'ils peuvent jouer, tout va bien. Elle ne risque pas de s'ennuyer ici. Vous pouvez partir tranquille. On veille sur elle comme sur nos propres filles. J'ai toujours rêvé d'avoir trois enfants. Robert... s'il avait voulu... mais je crois qu'il a eu son compte. Avec Stéphanie, ça n'a pas été si simple, vous savez... »

Éliane fait partie de ces mères bavardes qui ne savent pas mettre un point final à la conversation. Je me tiens debout, droite, en attendant de pouvoir embrasser maman qui acquiesce en guettant la chute. Elle tend les bras vers moi pour une dernière étreinte. Pas le choix. Subir ces embrassades exposées au regard des étrangers. Je préfère en finir au plus vite, respire une dernière fois le parfum de maman dans le creux si tendre de son cou. En fermant les yeux pour qu'il s'ancre profondément en moi. Éclats scintillants d'une émotion dorée comme le soleil. Grande bouffée d'air libre avant de plonger dans l'inconnu. J'entends *Je reviens vite, ma chérie*, je tourne la tête en direction du couloir. Me dirige vers la chambre des filles comme un jouet mécanique remonté pour quinze jours. Je vais entrer en moi-même, descendre plus bas dans les strates de la conscience, où murmure une voix chaude et puissante, un double bienveillant qui se confond avec ma volonté. C'est entre les mains de ce double que je me remets. Personne d'autre ne peut m'aider. La porte qui s'est refermée derrière moi et l'instant qui a emporté maman appartiennent déjà au passé. Bien avant l'âge où l'âme y est préparée par la conquête progressive et volontaire de l'indépendance, il s'agit d'expérimenter le vertige d'être soi.

De ce qu'ils vivent là-bas, je ne sais rien et je ne veux rien savoir. Une seule chose fait exception au blocus que j'organise mentalement : les souvenirs de voyage. Ces petits morceaux de pays que maman me rapporte à chacun de ses retours à la maison font partie de la fête des retrouvailles. Je les conserve dans des boîtes comme des trésors, je les utilise le moins possible. Ce sont des bricoles, des symboles, des rubans porte-bonheur, des pin's, des trousses remplies de gommes parfumées et de stylos à paillettes dont les modèles déferleront quelques mois plus tard dans les boutiques françaises. Il y a aussi des timbres de toutes sortes, que je consigne dans un album avec une pince plate, une collection inédite de bandes dessinées Mickey reliées en gros volumes à couverture cartonnée. Ces cadeaux hors du commun, que Paul a achetés pour moi, j'en fais systématiquement crédit à maman. Je suis dans le déni le plus parfait.

Rio de Janeiro, avril 1977

Ma mère s'est levée à l'aube pour aller courir sur la plage de Copacabana. Elle n'aime pas Rio. Elle n'aime pas cette falaise bétonnée qui barre les montagnes de l'autre côté de la bande de sable. Elle n'aime pas la langue sifflante et mouillée des Brésiliens. Ni ce culte des danseurs à plumes qui font remonter comme un hoquet la misère des favelas. Mais ce moment et cet espace ouvert, quand on se tourne vers la mer, dos à l'avenue Atlantica, avant l'arrivée des corps luisants d'ambre solaire, lui donnent une bouffée d'air. Très loin, au bout de l'horizon, elle m'imagine, sa petite chérie, sa poupée, son chef-d'œuvre, pure, sans taches, née pour racheter ses fautes. Préservée de la dureté du monde. Temps solitaire qui échappe à l'emballement du jour, à la boulimie qui s'empare de Paul au petit matin et les embarque dans une course folle jusqu'au soir. Après les nuits courtes et la tension de la veille, le jogging matinal est bénéfique pour nettoyer son corps, expulser la fatigue qui s'accumule. Elle court avec constance et application, au rythme des joggeurs et des sirènes en short qui allongent leur foulée dorée. Dingue, non, d'être là à parcourir le monde depuis deux ans ? New York, San Francisco, Bali, Hong Kong, Tokyo, Osaka... Elle qui n'était promise à rien, vouée au pire.

Paul est resté à l'hôtel pour faire le tour du propriétaire à distance, vérifier que tout roule à Collonges. Services du jour, affaires courantes, facturation, réservations et commandes exceptionnelles. Roger est sa main en cuisine, François est son œil en salle. Sans oublier les appels lapidaires mais nécessaires à sa mère et à ses deux femmes. Patricia préfère lui laisser cet espace, même s'il entend bien faire d'elle à tout instant le témoin permanent de sa vie. Exhibitionniste, il l'est forcément, pour avoir envie de partager ce que la plupart des hommes cherchent à cacher. Qu'importe, elle est sous emprise, soumise, piégée. Et elle aime ça. Elle sait parfaitement que chaque jour qui passe la lie davantage à Paul et complique les choses. Tantôt une impasse, tantôt une planche de salut. Question de point de vue. Tout va trop vite pour choisir une autre direction. Il choisit à sa place. Ça l'arrange. Puisqu'elle n'est pas vraiment digne d'être aimée. Un fardeau pour les autres, voilà ce qu'elle est. Payer tous les jours pour expier la faute d'être née, d'avoir entravé la liberté de sa mère. Petit avorton accroché coûte que coûte, en dépit des tentatives les plus folles bricolées pour l'expulser. Alors quand un homme l'emporte comme il le fait, elle cède.

Elle pense à ses mains. Ses mains carrées et sèches. Elle connaît la géographie de ses entailles changées en estafilades plus claires. Une trace ancienne sur la deuxième phalange du majeur, la mémoire d'une brûlure à peine visible à l'intérieur du poignet, perpendiculaire aux veines, que l'on pourrait prendre pour une séquelle suicidaire et qui n'est que la marque d'un métier qui s'apprend dans la douleur. Des égratignures plus récentes et rares qu'elle a envie de guérir en y apposant ses lèvres fraîches. En y pensant, elle sent monter un élan maternel qui se confond avec un désir de l'absorber, de le tenir tout entier en elle. Oui, son histoire, sa puissance est dans ses mains. Douées d'intelligence, elles savent comment se poser, avec quelle force saisir, quelle pression exercer sur la chair. La manière d'envelopper ou de rompre, de fouiller dans une carcasse, de retirer les entrailles d'un poulet.

Patricia songe à la démonstration culinaire d'hier en présence du chef du major Portino et de toute sa brigade. Elle n'a rien manqué des détails, aimantée par le ballet de ces mains transformées en êtres vivants, avec leurs postures adultes, leur façon de se mouvoir dans l'espace, d'encercler la bête noblement comme deux chasseurs massaïs. Paul avait choisi une de ses recettes fétiches, la fameuse volaille en chemise, que la traductrice avait sans doute mal interprétée, compte tenu des regards amusés de l'auditoire. Il a poursuivi joyeusement, en martelant à chaque étape cette expression qui agaçait ma mère : « Je m'en vais vous préparer… » Non Paul, tu ne t'en vas pas, tu restes avec nous. Elle le lui avait dit tant de fois déjà, mais c'était plus fort que lui. Elle se consolait en pensant que personne ici ne comprenait le français. Il avait fallu apporter une volaille de Bresse, une truffe et une vessie de porc dans les bagages, et se contenter des petits légumes locaux pour la farce. Quand Paul a commencé à parler de la vessie et des charcutiers lyonnais qui la proposent en France et préparent aussi ces gros saucissons qu'on appelle des « jésus », ma mère a perçu l'hésitation de la traductrice. Mais Paul était lancé, il se foutait pas mal de la traduction, il parlait directement aux spectateurs assis devant lui et qui semblaient boire ses paroles. Tout en expliquant chaque geste, il faisait danser la volaille, la retournait, la saisissait par le cou, lui écartait les pattes dont la tension nerveuse se relâchait doucement. Entre ses mains, ce simple poulet prenait des allures de nourrisson sortant du ventre de sa mère, et lui, il en était l'accoucheur. Il le maniait sans précaution particulière mais avec une incomparable sûreté du geste. Comme s'il y avait une continuité entre ces deux corps, l'un étant le prolongement naturel de l'autre. Homme et animal viscéralement liés. Ensuite, il avait allumé le gaz et retourné la bête en tous sens au-dessus de la flamme pour retirer le duvet résiduel qui restait parfois sur la peau après le plumage. Ça sentait le roussi et ça éveillait en elle une impression charnelle. Paul avait aussi une façon sensuelle de tirer sur les pattes avant de les trancher l'une après l'autre avec un grand couteau, sous le nœud de l'articulation, sans aucune hésitation. Il rognait ensuite le bout des ailes et tranchait le cou dans un enchaînement tout aussi implacable, en continuant à parler à l'assemblée fascinée, qui avait depuis longtemps renoncé à suivre la traduction, chaotique, hésitante et largement décalée par rapport à l'image. La volaille voltigeait, d'une main à l'autre, comme un pantin désarticulé. Ensuite, il y avait cette étape étrange du vidage, qui la troublait. Le croupion qu'on ampute d'un coup de lame, le jabot qu'il faut retirer à la base du cou et l'index de Paul qui se mettait à fourrager à l'intérieur de ce corps dont les membres secoués et solidaires ballottaient en cadence sous la pression des doigts. Ce corps qui semblait reprendre vie entre ses mains, son corps caressé et lentement gagné par le désir. La comparaison la gênait et l'attirait à la fois. L'idée d'être une chose sans vie, soumise à son bon vouloir. Vaincue, possédée. Le supplice ne s'arrêtait pas là. Il se frayait ensuite un chemin avec ses pouces entre la peau de la volaille et sa chair, glissant souplement sous l'étoffe élastique pour mieux la détacher. Elle sentait confusément la pulpe de ses doigts experts sur l'intérieur de ses cuisses et elle l'entendait poursuivre la démonstration en apostrophant joyeusement ses auditeurs – « Pourquoi que j'ai pas mis les légumes à l'intérieur de la volaille ? » –, et cette expression qui lui écorchait l'oreille, au lieu de la dégriser comme l'aurait fait n'importe quelle phrase si grossièrement tournée prononcée par un autre homme, suscitait alors en elle un élan de tendresse. C'était un manuel, surdoué, qui avait quitté l'école à quinze ans. Après tout, son parcours à elle n'était pas si différent. Elle avait lu davantage, fréquenté des intellectuels et des artistes, mais elle n'avait pas non plus le certificat d'études. Tout ce qu'elle savait, elle l'avait appris sur le tas, à force d'observer les autres. Il y avait entre eux, malgré leurs quinze ans d'écart et leurs divergences culturelles, une solidarité de classe. Et son culot, cette manière qu'il avait de transcender les genres, de passer les frontières au sens propre et figuré, d'avancer coûte que coûte sans se soucier de ce qu'on pouvait penser de lui, forçait son admiration.

D'avenir pourtant, il n'y en avait pas. Sa femme, il ne la quitterait pas. Son empire lyonnais trouvait une bonne part de stabilité grâce à elle. Sa maîtresse en titre, qui avait eu la bonne idée de lui donner un rejeton mâle, était devenue un maillon essentiel dans la transmission du patrimoine qu'il était en train de construire pour l'éternité. Et elle, où se plaçait-elle dans le puzzle ? Pièce rapportée, comme toujours, ou favorite comme il le lui laissait entendre ? Paul n'était pas avare de confidences. Il racontait ses frustrations avec l'une, son agacement avec l'autre, mais au fond, elle ne savait rien de cette vie parallèle qui s'égrenait ailleurs, à heures et à dates fixes. Elle se glissait dans les interstices de son emploi du temps et au cœur de ses voyages, qu'il semblait dilater à loisir depuis qu'elle avait cédé. Suffisant pour croire aux mots qu'il lui murmurait dans le noir ?

Elle pense au dîner de gala d'hier soir, au moment où elle a aperçu leur hôtesse Rosa Maria se pâmer avec un gloussement rentré. Quelques heures avant, elle avait souri en entendant Paul lui glisser, provocateur : « L'avantage quand on a des fesses comme une pastèque, c'est qu'on a aussi des seins comme des melons. » Et de fait, Rosa Maria était bien balancée, hanches larges et taille étroite, surplombée par une gorge profonde aux vallons bien tendus, dont on pouvait interroger le naturel. L'opposé de son physique de garçonne à la Jean Seberg. Elle avait suivi le trajet de son regard à lui, plongeant furtivement dans son décolleté et filant le long de sa chute de reins avec une désinvolture feinte de collectionneur. Le traditionnel trio de Brésiliennes à plumes et paillettes avait débarqué ensuite, au son des sifflets impudiques. Leurs seins lustrés flanqués de cabochons scintillants chahutaient en tous sens, les rideaux de perles froufroutaient sur leurs fesses lisses et bronzées. Il semblait au comble du bonheur sous les plumes, au milieu des strings, emporté par l'accélération cadencée des déhanchés prometteurs. Et ce clin d'œil au passage. Comme pour la rendre complice de son plaisir.

Elle s'arrête essoufflée, devant la mer, avec cette vision intérieure. Cet aspect de l'homme ne la dérange pas tant que ça, en fin de compte. Elle sait parfaitement faire la différence entre ce désir de possession physique qu'elle attribue volontiers à tous les hommes en général et le feu qui les consume tous les deux. C'est un chasseur. Elle voit son regard briller quand surgit la proie facile. Et il y en a tant. Il n'a pas besoin de les séduire, elles viennent à lui. Se bousculent au portillon pour pouvoir dire qu'elles en étaient. Des femelles. Comme sa mère. Quant à lui, il n'a qu'à sélectionner les plus belles prises. Exonéré. Quand il cède, c'est pour leur faire plaisir. D'ailleurs, c'est ce qu'il lui dit. Faudrait pas les décevoir. Je rends service. Il est prêt à partager aussi, ménage à trois, à quatre, ou même avec d'autres hommes si elle en a envie, pourvu qu'il soit avec elle. C'est généreux. Pour l'instant, elle dit non. Préfère ne pas voir. Au fond, il est vulnérable. Il a démesurément besoin d'amour.

Elle pense au mélange des genres. À cette place qu'il lui a proposé de prendre et qui leur permet de mimer plusieurs fois par jour l'histoire d'un couple en voyage. Attachée de presse, relations publiques, maîtresse, déesse, salope, femme de chambre, soubrette, horloge parlante, cire-pompes, elle est tout à la fois. Impossible de créer une frontière étanche entre ce qu'elle lui doit professionnellement et ce qu'elle lui donne par amour. Leur sexualité aussi se nourrit de cette ambiguïté. La distance qu'impose la situation est un formidable accélérateur de désir. Côte à côte, évitant de s'afficher ensemble et secrètement reliés. Il adore en jouer. Quand elle est concentrée, au moment où elle s'y attend le moins, il lui prend la taille d'un coup et lui murmure n'importe quelle formule grivoise pour la provoquer. Ça l'agace au plus haut point. Pourtant, elle enregistre la décharge électrique et la mémorise dans sa chair. D'autres secousses viennent la prolonger d'heure en heure, des effleurements que le hasard place sur leur trajectoire, épaule contre épaule, frôlements de doigts, vibrations à distance comme si leurs corps s'accordaient d'avance dans cette frénésie qui précède l'envoi des assiettes en salle. Une excitation partagée les maintient incroyablement vivants, alertes, attentifs au moindre détail. Et cet engagement physique et moral les prépare au corps à corps ultime. Celui qu'ils s'autoriseront n'importe où, parfois dans des endroits improbables, à la lisière de la douleur, après le service, les hommages, les au revoir, les salamalecs qui n'en finissent pas. Une version expéditive et intense qui alterne avec des séquences plus raffinées dans l'écrin luxueux des chambres d'hôtel. Leurs ébats commencent souvent par une lutte. C'est leur jeu. Patricia se dérobe exprès. Il l'attrape par le bras, la force à se rapprocher, elle fait mine de se débattre et il la relâche. Il lui saisit une fesse à pleine main, effleure son sexe de son doigt mouillé et la laisse filer. Il prend son visage entre ses mains, lèche ses lèvres closes et lui mordille l'oreille tandis qu'elle le repousse de ses bras tendus. Peu à peu, le combat devient moins vif, elle est allée au bout de sa résistance, elle sent son corps couler et sa volonté changer de camp. Maintenant, elle a envie de se rapprocher, de sentir sa peau contre la sienne, de l'avaler tout entier. Il arrive à Paul de prolonger l'attente en sortant deux cordes. Le jeu reprend sous une autre forme. Cette fois, elle est son esclave. Il saisit ses minces poignets et les baise doucement avant d'enrouler les cordes aux pieds du lit. Tout en se défendant intérieurement de réagir comme un animal traqué, elle ne peut s'empêcher de se tortiller en poussant des cris aigus. Il s'approche d'elle et lui met la main sur la bouche. « Arrête, tu vas exciter les voisins, je ne te suffis pas ? » Alors, il devient incroyablement tendre, léger, diffus. Avec sa langue, il effleure ses deux aréoles pointées vers le ciel, suit la ligne médiane entre les deux seins et descend jusqu'au nombril, s'attarde dans ce creux coquillage avant de glisser jusqu'au triangle étroit qui s'ouvre sur l'abîme de désir.

Patricia frissonne et regarde autour d'elle. Elle croise le regard insistant d'un homme sur la plage. Elle se sent prise en flagrant délit. Reprendre la direction de l'hôtel à petites foulées et penser à autre chose. La joyeuse troupe lyonnaise ne va pas tarder à rejoindre la salle du petit déjeuner puis il faudra enchaîner. Lettre de remerciements à l'ambassadeur, contrat à préparer pour les Américains, fax de réservation pour le prochain dîner, trouver un moment pour m'appeler à l'heure française. Ça fait une semaine qu'elle est partie. Besoin physique de me serrer dans ses bras, de me parler de tout ce qu'elle voit ici. Elle pense qu'on se retrouvera comme on s'est quittées, sans une ombre. On se ressemble tellement. Je suis sa fille, sa confidente, son double sans rature, et aussi, oui, l'idée la traverse tout à coup, comme c'est bizarre, je pourrais être sa mère. Plus sage qu'elle, bien plus adulte. C'est pour moi qu'elle court à l'autre bout du monde. Pour me préparer un bel avenir, me donner la possibilité de faire les études qu'elle n'a pas pu faire, me préserver de tous les obstacles qu'elle a dû franchir, et peu importe le prix à payer. Ce récit qu'elle se fait à elle-même, elle le connaît par cœur, il la porte, l'aide à justifier ses absences prolongées, à reconstruire un semblant de logique dans cette histoire morcelée. Mais, au bout, il y a toujours ce minuscule éclat de métal. Douloureux, lancinant, qui lui fouille le cœur. Ma solitude, à distance, têtue et glaciale.

Tandis qu'elle marche lentement en reprenant son souffle, fendillée de l'intérieur, elle aperçoit la silhouette de Paul à l'autre bout de la plage.

De loin, elle distingue la tête haute, les épaules carrées qui dominent un buste droit, elle passe vite sur son ventre rebondi étrangement posé sur des jambes minces. Pas son idéal de beauté, en fait. Elle le préférerait plus élancé, plus jeune, mieux proportionné. Alors son esprit sélectionne les parties du corps qui l'attirent. Elle saucissonne les meilleurs morceaux. Comme chez le boucher. L'idée l'amuse. Arrivé à sa hauteur, il la prend par la taille et l'attire vers lui. Patricia se relâche. Pupilles magnétiques. Elle sent son iris fondre dans l'air comme un champ caressé par la brise. « T'as mis ton short ras le bonbon ? T'as pas vu tous ces gars qui te matent… » En effet, des militaires patrouillent et surveillent la plage, mitraillette en bandoulière, mais elle ne les a pas remarqués. « T'as toujours réponse à tout, mais un jour, y va t'arriver des bricoles. » Elle marche au même pas que lui. Forcément vite. Il ne leur viendrait pas à l'idée de se promener. On les attend à Belém.

Écully, avril 1977

Je ne connais pas le pays où maman est partie. Ni elle ni moi n'avons ressenti le besoin de poser un doigt sur une carte. L'absence ne saurait se fixer nulle part. C'est un pays à part entière. Maman n'est pas là, qu'importe où elle est. Ce qui compte, c'est l'endroit qu'elle a quitté, où je demeure indéfiniment. Maman parle peu de ses voyages, sans doute dans l'espoir de les escamoter, comme s'ils étaient une boucle du temps qui se résorbera aussitôt rentrée. Dans cette boucle pourtant, il y a une épaisseur où je campe, celle d'un quotidien qui a l'intensité du réel. Et ce quotidien n'a rien à voir avec le monde de maman. C'est une vie de famille qui rentre dans les cases, comme les personnages de ma maison Fisher-Price, un papa qui travaille, une maman qui fait des gâteaux, des photos de vacances punaisées sur un tableau en liège, un sac à pain brodé au point de croix, des verres à moutarde à l'effigie de Maya l'abeille, un tapis de sol à poils longs dans les toilettes et des ventouses fleurs dans la baignoire. Si j'entre dans le bain des autres sur la pointe des pieds en frissonnant, je me mets rapidement à la bonne température. Enfant caméléon, discrète, malléable. J'apprends vite la grammaire des Gauthier, je connais leurs rituels, j'anticipe leurs manies, je sens quand Éliane fatigue, quand Robert va se fâcher. L'étrange est devenu ordinaire. Dans l'enchaînement des jours, ma vie d'avant se dilue, disparaît au profit d'une nouvelle réalité qui devient tout à coup plus tangible que l'autre. Je ne sais plus où est le vrai moi, celui d'avant ou celui d'aujourd'hui ? La parenthèse devient la référence, le temporaire s'installe comme un présent durable. Maman s'estompe.

M. Gauthier est passionné de trains électriques. Il rentre du bureau vers 19 heures, embrasse ses filles, passe la main sur ma tête, s'assoit devant son bureau Directoire, ouvre le courrier avec un coupe-papier brillant, puis il allume la télévision pendant que Mme Gauthier fait la cuisine, la taille prise dans un tablier à carreaux marron où s'étale le mot « Camembert ». À 20 heures, il met les pieds sous la table, taquine ses filles et leur demande si tout s'est bien passé à l'école. Ensuite, il parle de choses sérieuses avec sa femme. De ses collègues de travail, des voisins, quelquefois de politique et plus souvent de la sortie du week-end ou de la location à réserver pour les prochaines vacances.

Avec Stéphanie et Valérie, la période d'observation est terminée. Elle a permis à chacune de nous de jauger les forces en présence et de définir l'étendue des champs d'action de part et d'autre. Éliane est intervenue de loin dans nos jeux pour vérifier que tout se déroulait bien. Elle ne doute pas une seconde de l'état d'esprit de ses filles et me cite souvent en exemple : « Eve-Marie se tient bien, elle ne se couche pas sur la table, elle lève son coude pour manger. Les filles, faites un effort. Vous pourriez prendre modèle sur elle… » En fait, je me fais violence à chaque repas, renonçant à mon obsession d'analyser le moindre morceau avant de l'ingérer. Je survole sans m'attarder, ne choisis pas, transforme ma mâchoire en impitoyable machine à broyer. Ma hantise, c'est le bifteck à la chair bien serrée qu'il faut déchiqueter avec le couteau dentelé. Si par malheur il est au menu, je m'excuse d'avoir très peu faim, je demande la plus petite tranche et coupe des morceaux minuscules pour les faire passer. Quand je ne peux plus les avaler, je les mâche indéfiniment jusqu'à les transformer en boule élastique au goût de papier que je stocke dans un coin de ma joue. Très désagréables aussi les gros haricots verts aux gousses sèches avec leurs fils qui s'enroulent en pelotes serrées. Les gratins de chou-fleur et les purées Mousseline passent mieux. J'ai même un faible pour la tarte à la tomate qu'Éliane prépare avec des morceaux de chèvre cendré et une pointe de moutarde. Dans ce cas, j'ose en redemander poliment, trop contente de pouvoir manifester un enthousiasme sincère. À la maison, on ne mange pas de tarte à la tomate, maman prépare des gratins de pommes boulangères bien dorés, des côtes d'agneau et haricots verts fins du Kenya servis avec quelques gouttes de citron et un filet d'huile d'olive, des soufflés aux pommes de terre et des tomates farcies avec des restes de viande de veau, qui excluent la présence de chair à saucisse. Pas de steak haché non plus chez maman. On ne sait jamais ce qui traîne dans les hachoirs… Au dessert, je suis fascinée par une étonnante bombe de chantilly qui propulse d'une simple pression son flot de crème en vagues soyeuses. J'en ai parlé à maman avec envie mais l'idée d'en acheter a été aussitôt écartée. Maman déteste la crème Chantilly, depuis que sa belle-mère lui en a servi d'office quotidiennement, avec une assiette de fraises, tout l'été de sa grossesse. Et puis, c'est chimique et c'est surtout un nid à microbes. Et encore, maman n'a pas assisté au rituel du samedi soir, quand Valérie a empoigné la bombe, pressé la gâchette, tête renversée, et laissé filer les volutes blanches directement dans sa bouche ouverte. Éliane l'a grondée pour la forme, m'observant du coin de l'œil, puis Stéphanie a imité sa sœur et M. Gauthier a dit : « Ça suffit, passez-la-moi ! » Et regardant ses filles, droit dans les yeux, il a secoué la bombe, incliné la tête à son tour et absorbé une grande rasade de mousse sous leur nez. Une excitation joyeuse s'est emparée de la table et il m'a proposé de tester à mon tour. J'ai d'abord refusé poliment, puis, croisant le regard insistant de Valérie, j'ai cédé. J'ai alors déposé une noisette de mousse sur mon index, que j'ai lapée timidement avant de donner la bombe à Éliane.

Valérie déteste ma façon de me comporter si parfaitement en toutes occasions, mes cheveux noirs bien tirés qui retombent en tresses raides dans le dos, ma réserve, ma douceur, mes politesses d'enfant sage. J'imagine que ça l'agace et l'intrigue en même temps. Valérie a envie de tester ma résistance, elle veut voir ce que j'ai dans le ventre. Avec sa sœur, les possibilités sont limitées. Dès qu'elle va un peu trop loin, elle hurle et sa mère débarque. Je suis plus docile et Valérie sent chez moi un potentiel de soumission à explorer.

Ce samedi de novembre, Robert s'est assoupi pour une courte sieste dans le canapé et Éliane s'est installée avec sa machine à coudre dans la cuisine. C'est l'heure où l'après-midi forme un creux, quand la digestion ramollit les corps. L'heure du désœuvrement des enfants. Aucun des jeux habituels ne trouve grâce à leurs yeux. Tout ennuie. Il faut inventer autre chose. Stéphanie aurait bien aimé jouer au cochon qui rit, mais c'est pour les bébés. Sa grande sœur préfère les jeux d'invention. Elle réfléchit, échafaude, imagine, déplace des objets dans la chambre, nous fait bouger Stéphanie et moi, ici et là, en nous assignant différents rôles. Et peu à peu l'histoire prend forme. Après avoir été pressentie dans le rôle de la servante, je serai finalement princesse, et Stéphanie, gouvernante puis chevalier. Valérie endossera le costume du roi, puis celui de la marâtre qui enfermera la princesse dans un haut donjon. Elle débite l'histoire très vite et je remarque ses lèvres mouillées, toutes rouges et très brillantes.

Pour commencer, il faut habiller et coiffer la princesse. Stéphanie me contemple avec dévotion. Valérie s'occupe de ma coiffure. « Assieds-toi, je vais chercher la brosse. » Je ne supporte pas qu'on me coiffe mais je ne dis rien. Avec ce bruit désagréable de frottement sec, *frrrrr frrrrr*, Valérie lisse puis tire sauvagement mes cheveux en enfonçant les poils durs dans mon crâne. « Je ne te fais pas mal ? » Un peu. « Faut souffrir pour être belle, tu sais. On va faire un chignon haut. » Et les épingles s'enfoncent une à une, raclant mon cuir chevelu, se fichant au mauvais endroit. « Arrête de bouger, on va pas y arriver. » Je souffre en silence. « C'est bien, là. Regarde-moi. » Et Valérie s'enveloppe dans son couvre-lit patchwork transformé en longue cape royale. Pose sévère. S'ensuit un échange entre un prétendu père et sa fille, auquel je me prête docilement. Tout à coup, Valérie fait volte-face. Elle a enfilé un grand manteau et endossé le rôle de la belle-mère. Stéphanie s'est rapprochée de moi et a glissé sa main toute chaude dans la mienne.

« C'est qui qui commande ici ? hurle sa sœur. Allez, gouvernante, viens avec moi ! Nous allons lui faire passer l'envie de se plaindre. »

Maintenant, elle sort une ceinture de sa commode pour me lier les mains. Je n'aime pas la tournure que prend le jeu. Je pense au personnage de la reine dans *Blanche-Neige*, ce Walt Disney que j'ai vu il y a deux ans et qui me poursuit encore la nuit. Je n'arrive pas à me débarrasser de l'image obsédante de cette femme maudite, au visage anguleux serré dans sa cagoule noire, sourcils arqués, mains invasives. Je me souviens qu'un soir où nous avons joué comme des bonnes copines, j'ai fait la bêtise de confier ma terreur à Valérie. Quelle idiote ! Elle va me le faire payer.

La voilà qui déchire une feuille de papier en deux, puis en quatre, puis en huit, elle froisse chaque morceau dans sa main et prépare un jet de salive pour former une boule compacte en la roulant entre ses paumes. J'ai un haut-le-cœur, je ferme les yeux et pense à ma chambre, à mon monde, à maman. Où est-elle en ce moment ? Je l'imagine dans une de ses toilettes élégantes qu'elle a emportées pour briller loin de moi. Bronzée, rayonnante, attirant tous les regards.

Valérie a recruté sa sœur pour accélérer la cadence. Elles se sont mises à deux pour façonner des boulettes humectées de bave, qu'elles prennent à pleines mains.

« Fini de rigoler, on va lui donner à manger de la soupe aux boulettes spécialement préparée pour les princesses. Vas-y Stéphanie, il faut lui mettre dans la bouche. »

La petite hésite, me regarde sans oser approcher. Valérie bouscule sa sœur d'un geste brusque et prend une poignée de boulettes pour la fourrer dans ma bouche. Et je suis incapable de résister. Qu'est-ce qui cède en moi à ce moment-là ? Pourquoi ma rage de combattre a subitement disparu ? Comme si quelque chose s'était débranché, comme si j'adhérais à l'idée que je mérite le martyre. Que je dois expier une faute. Quelle faute ? La malédiction familiale qui produit des filles mères depuis trois générations ? Ou tout simplement la nécessité d'obéir au destin qui semble tout tracé ? Si je suis là entre les mains de mon bourreau, c'est que je n'ai pas su lui plaire. C'est que j'ai fait ce qu'il ne fallait pas. Je ne peux m'en prendre qu'à moi-même. Alors, je fais semblant de manger les boulettes, comme si le jeu était normal, et j'attends la suite de l'histoire.

Valérie aurait préféré que je me débatte. Son souffre-douleur est bien trop docile. Elle cherche à corser la difficulté. Alors elle va piocher dans sa collection de livres illustrés, le fameux *Blanche-Neige* qui a tant de pouvoir sur moi. Elle sait qu'elle tient un objet magique, si bêtement efficace. Et elle l'ouvre à la page de la reine face à son miroir. Cette image qui suscite la panique chez moi, elle l'approche tout près de mon visage, jusqu'à le toucher. Tous les raisonnements du monde ne servent à rien. Le papier est chargé de malédiction. C'est l'incarnation du démon. La cruauté est violette et noire, elle porte des ongles démesurément longs, des lèvres rouge vif et un regard qui fouille le cœur. Mon corps se raidit, je suis en danger, et je ne maîtrise pas le cri d'horreur qui s'échappe de ma bouche. Je me débats, j'arrache la ceinture qui me liait les mains, me précipite vers la porte et sors de la chambre en trombe. Valérie me suit, mais Éliane est déjà là, interrogeant les filles pour comprendre d'où vient ce raffut. Elle est furieuse. Robert a été réveillé brutalement de sa sieste. On ne peut jamais être tranquille. D'ailleurs le voilà qui surgit, mal réveillé, prêt à dégainer son sermon. Je déteste être grondée par les hommes. Ma peur du monstre est tombée, et maintenant je suis tétanisée par la voix de Robert qui s'adresse à ses filles.

C'est à ce moment que le téléphone sonne. Un *dring* vibrant qui arrête net le brouhaha des voix. Robert se dirige vers son bureau et décroche. Il répète : « Allô, allô, il y a quelqu'un ? » J'ai un pressentiment. Les appels du bout du monde commencent par un silence. Robert fait oui de la tête et son visage se détend. « Oui, bien sûr, je vous la passe tout de suite. Eve-Marie, c'est ta maman. » Mon cœur s'est serré d'un coup. Je m'approche et colle le combiné contre mon oreille droite. « Prends l'écouteur, tu entendras mieux. » Je saisis le boîtier rond que je presse contre mon oreille gauche. J'aime bien ce bébé combiné. Maintenant, j'entends en stéréo. Robert et Éliane ont poussé les filles vers la chambre. La voix de maman parvient jusqu'à moi, claire, enjouée, plus aiguë qu'à l'ordinaire, ténue comme un fil et chaque silence grésille. « Comment vas-tu ma chérie ? Tout se passe bien ? » Il faut répondre, bien sûr. Et je réponds, mécaniquement : « Oui, oui, très bien », puis « on joue avec Valérie et Stéphanie », comme s'il y avait un souffleur caché dans la fosse. Ensuite, maman me pose quelques questions sur l'école et parle des choses étonnantes qu'elle a vues à Rio. J'entends un *clac* toutes les cinq secondes. Ses mots me parviennent légèrement décalés, si bien que nous nous coupons souvent la parole. Alors je préfère me taire. J'entends « carioca » et mon esprit vagabonde dans un vacarme de fleurs et de brillances exotiques. Mon cœur bat fort, les coups tapent dans ma cage thoracique et se mêlent aux pulsations qui scandent le minutage de l'appel téléphonique. J'écoute, le regard perdu de l'autre côté de la baie vitrée, en glissant mon index dans les boucles du cordon tissé. Contact agréable, légèrement élastique et rigide à la fois. C'est par là que filent les sons montant en spirale jusqu'à mon oreille. Le moment de raccrocher ne va pas tarder. Maman me rappelle qu'il ne reste que quelques jours à patienter et cette perspective me rend tout à coup vulnérable. Comme si maman avait rouvert des vannes que je tenais closes. Je redoute déjà les instants qui vont suivre, l'impression d'être suspendue entre deux pays dont je suis également exclue, cet ailleurs où je ne peux pas être et cet ici où je me sens étrangère. Je fixe avec intensité les objets disposés sur le bureau recouvert d'un maroquin vert. Ce meuble lustré symbolise une autorité paternelle qui m'impressionne et que je sens reliée à un monde ancien. Mon regard s'arrête sur un drôle d'objet rectangulaire en bois, surmonté d'une boule et qui repose sur un socle arrondi tendu de papier buvard. J'ai très envie de le faire basculer d'un côté et de l'autre comme une balançoire. Maman cherche ma voix, parle pour combler le vide, pour rétablir le contact, m'aider à apprivoiser l'idée de son retour. Se doute-t-elle qu'un autre monde se reconstruit quand elle n'est pas là ? Elle a dit au revoir, elle a prononcé « je t'embrasse » et nous avons ajouté le mot « bisou » à tour de rôle. Puis j'ai raccroché. Le combiné a lâché un *gling* étranglé en se posant sur l'appareil et j'ai rejoint les filles qui s'étaient massées vers leur mère, autour de la machine à coudre dans la cuisine. « Tu as de bonnes nouvelles ? me demande Éliane. Tu sais, ta maman appelle de très loin. C'est très gentil de sa part. Ça doit coûter très cher, ces appels de l'étranger. » Je souris gauchement. Je redoute d'avoir à reprendre le fil du jeu de torture interrompu par l'appel de maman, mais c'est Robert qui change finalement le cours des choses : « Bon, il est déjà 16 heures passées. J'ai un pont à construire, moi. » Les filles se mettent à sautiller autour de leur père en le suppliant de les laisser entrer avec lui dans la pièce interdite. Cette chambre fermée, dont lui seul détient la clé, abrite un réseau électrique de trains miniatures. Je ne l'ai jamais vu et je meurs d'envie de le découvrir. « D'accord, je vais faire une petite démonstration pour Eve-Marie. Mais vous connaissez la règle : on touche avec les yeux. » Et j'ai l'impression douloureuse que les objets vont entrer directement en contact avec ma rétine.

La première chose qui me surprend quand Robert ouvre la porte, c'est la température de la pièce. Elle est plus froide que les autres et il en émane une odeur de colle et de poussière métallique. Je ne m'attendais pas non plus à voir un réseau aussi important. Il occupe toute la surface, ne laissant qu'un petit chemin de circulation en périphérie. J'y vois un immense terrain de jeu miniature plongé dans un étrange sommeil. Tout est là, comme dans un conte, si facticement vrai, presque dérangeant dans cet effort de reproduction maniaque, les maisonnettes et leur toit en tuiles rouges, les tunnels s'enfonçant dans la roche, les ponts suspendus, les rivières vernissées qui ne coulent pas, les arbres en mousse, les étendues de prairie d'un vert passé, les voitures posées sur les routes, roulant éternellement vers un but inaccessible, et surtout les personnages en mouvement, figés pour l'éternité, comme si on leur avait jeté un sort : des femmes étendant le linge, bras levés, des voyageurs pressés avec leurs bagages, des enfants faisant la ronde, un grand-père grisonnant s'appuyant sur sa canne. Valérie prend un air entendu pour se faire l'interprète de ce monde inconnu :

« C'est un réseau HO, avec une voie métrique de 12 millimètres, hein papa ? Et tu viens de construire un nouveau dépôt pour les locomotives.

– Oui, ne touche pas, dit Robert qui voit les doigts de sa fille se diriger vers une petite écolière avec un cartable sur le dos. Ce sont des jouets pour adulte et c'est très fragile. Je vais mettre le circuit en route. »

Robert se dirige vers le tableau électrique, les feux de signalisation s'éclairent, les barrières se lèvent, et les trains se mettent en marche, s'arrêtent et redémarrent, animés d'une vie propre, filant dans la montagne, ralentissant dans les gares avec des échappements et des sifflements plus vrais que nature. Je suis à la bonne hauteur pour entrer dans les détails de ce décor miniature, sec, impeccable, tiré au cordeau. Maman aussi range tout à la maison, mais je pense tout à coup que cela n'a rien à voir avec ce souci de reproduction parfaite. Robert a besoin de recréer un monde simple où tout est à sa place, maman se bat pour empêcher quelque chose d'arriver. Quoi exactement ? Je l'ignore encore.

Je suis en sixième dans une école catholique de filles. On nous apprend à connaître le fonctionnement de l'appareil génital masculin à travers des schémas déroutants où il est question d'organe érectile, d'urètre et de scrotum. Autant dire que, mis à part l'aspiration qui monte régulièrement des profondeurs et cherche une résolution secrète, je ne sais rien du vertige de la chair. J'évite d'ailleurs de me figurer la relation entre maman et Paul. C'est d'autant plus facile que Paul ne dort presque jamais à la maison, ou si c'est le cas, je ne m'en rends pas compte. Je me souviens uniquement d'une nuit agitée où je n'entends rien d'autre que le bruit de l'eau qui coule avec fracas dans le lavabo. Pour le reste, j'observe le corps de ma mère et les jalons que pose sur lui son nouveau propriétaire. Il y a d'abord cette chaîne en or scellée à la taille, qu'elle ne quitte jamais. Comme une danseuse orientale qui va jouer des hanches pour son sultan. Et surtout ce fameux bracelet Cartier à vis ajusté à son poignet. Des vis pour visser et contraindre. Quand je l'ai vu pour la première fois, j'ai pensé au collier que le maître serre autour du cou de son chien pour l'empêcher de fuir. Maman enchaînée, maman esclave de Bocuse à vie.

Je n'imagine pas une seconde cet amour fou qu'il doit ressentir pour elle et qu'il a trouvé le moyen de vivre sans retenue, à intervalles réguliers, à des milliers de kilomètres de sa femme, de la mère de son fils et de cette petite fille qui ne veut pas de lui.

Un jour, je devais avoir dix-sept ans, j'ai ouvert pour la millième fois le nécessaire à manucure de ma mère pour me couper les ongles. C'était un étui noir en cuir, usé jusqu'à la corde. Mais cette fois, par hasard et pour la première fois, j'ai retourné le support des coupe-ongles. Il y avait là un message au feutre noir, d'une écriture mal assurée : *Je t'aime. Paul, 1978.*

Des mots au tracé tremblant, que je ressentis alors comme un coup de poing.

Los Angeles, octobre 1978

Il va l'emmener après la mise en place. Sirio Maccioni lui a donné un bon plan. À East LA. Faudra vérifier la distance avec le concierge. Rien n'est à portée de main dans cette ville sans limites, tous ciels dehors, palmiers en pétard. Le sens du spectacle jusqu'au bout des feuilles. Préfère la discrétion des platanes en tenue de camouflage, même si le show permanent des Américains l'impressionne. Chapeau l'artiste. Yeux d'enfant écarquillés devant la boule à facettes. Du panache, du courage, du culot XXL. Sont fous ces Américains. Il n'oubliera jamais ce qu'il leur doit. Ce que la France leur doit. Il plonge la main dans la poche de son pantalon. Tombe sur son Opinel. Contact furtif du bois qui rassure, toujours là partout où il crèche. Peut pas vivre sans un couteau qui coupe. Et un pliant, c'est plus qu'un couteau, un éclat de terroir qui le relie à la France. Il tourne autour et retrouve le bout de papier froissé où il a griffonné l'adresse il y a deux jours, quand ils ont fait escale à New York. Danny Wright, 5338 Beverly Boulevard. Pas question de l'avertir, elle verra sur place. Surprise du chef.

Paul traverse le hall du Beverly Wilshire. Marbres en étoile couleur foie gras, piliers blanc double crème, comptoirs acajou comme un biscuit bruni. Au centre de la rotonde, un lustre en forme de pièce montée déploie ses trois étages de franges lumineuses. Envie de toucher ce fourreau de pampilles scintillantes qui éclaire un bouquet démesuré. On dirait la Maison Blanche. Quel luxe, quand même. Et tous ces chasseurs, voituriers, grooms en uniforme. Ceux du Berverly Wilshire ont une veste bleu roi, piquée de boutons dorés avec un col rouge gansé or. Casquette assortie, jugulaire. Style martial. La classe. Il pourrait faire la même chose à Collonges. Ça aurait de la gueule, un groom habillé de pied en cap à l'entrée. Il se dirige vers le comptoir du concierge. Beaucoup plus à l'aise qu'à ses débuts. Presque légitime. Et puis, ici, ils ont un don pour accueillir le client. Peu importe que tu sois sorti de Saint-Cyr ou de Saint-Pourçain. Ce truc de classe bien français n'existe pas aux États-Unis. Tu alignes les dollars, que tu sois président des United States ou bouseux en chapeau de cow-boy, on te respecte. Pas le moindre soupçon de supériorité dans le sourire d'un serveur. Ultra-bright, franc du collier, du directeur de salle à la dame pipi. Il partage avec eux cette conception du service. On a le droit de faire le museau dans sa piaule de six mètres carrés, mais quand on enfile le costume, que les projecteurs s'allument, on a le devoir sacré de faire briller les cuivres, claquer les cymbales, dérouler le tapis rouge, remplir les coupes comme si on servait au banquet des dieux. Le client est roi. Une obsession qui lui a permis d'en arriver là.

Tout en glissant sur les dalles lustrées, avec l'appréhension de traverser gauchement une salle de bal trop grande pour lui, il savoure la victoire d'être là. Tout cuisinier qu'il est. Une revanche sur la nuit des fourneaux. Quitter le ballet des invisibles pour rejoindre le monde des puissants. Celui où rien n'est impossible, où tout coule de source, sans effort, sans compter. Il exagère : pas sans compter. C'est la seule chose qu'il ne perd pas de vue, les sous. Il peut pas lâcher. À ça qu'il voit, peut-être, qu'il reste fidèle à lui-même. Un sou est un sou. D'ailleurs, le taux de change ne lui pose aucun problème. Il calcule aussi vite en francs qu'en dollars ou en yens. Pas plus difficile que de convertir des grammes en centilitres.

Le concierge ne parle pas français mais ils se comprennent très bien. Ils sont à trente minutes de voiture. Faudra pas traîner. Il quittera les cuisines à 16 heures, ils seront de retour à 18 heures.

Jean Troisgros et Roger Vergé arrivent presque en même temps, sourire aux lèvres, ponctuels. Ils avaient dit 14 heures. Les femmes font du shopping à Beverly Center. Roger brandit un magazine.

« Je t'ai apporté *Lui*. C'est magnifique, hein ? Les douze apôtres. Paulo, tu fais un beau Jésus… »

Paul reconnaît immédiatement la photo inspirée de la Cène publiée dans le magazine *Lui* il y a deux mois. Il trône au centre, paumes vers le ciel, partageant le pain et le vin avec les chefs les plus en vue, qui sont autant d'apôtres prêts à porter la bonne parole de la cuisine française dans le monde…

« Oui, ça fait une belle image, les gars… Je vais demander un tirage à Giacobetti pour Collonges. Jean, il ne manque que toi… Pourquoi tu nous as lâchés ?

– Parce que je bosse plus que vous, pardi ! »

Paul se marre.

« J'aime bien aussi l'article sur Andrea. "Une belle chute d'outre-Rhin". Du pain, du vin, des beaux seins…

– À quoi servirait la beauté des femmes si les hommes n'étaient pas là pour les regarder ?

– Voyeurs !

– Non, contemplatifs. On contemple la nature, nous. Pas vrai Roger ? »

Les cuisines de l'hôtel Alexandria sont structurées comme il faut. Version tout inox nouvelle génération. Modèle de palace, grand plan de travail central alignant les postes de cuisson, rangées de casseroles et louches suspendues, préparation et dressages séparés, marche en avant conforme aux nouveaux codes de l'hygiène. Fours électriques, vitres à hauteur d'homme. Matériel dernier cri. « Pas aussi beau que ma nouvelle cuisine, hein Paulo ! » lance Jean. Mais bien autre chose que sa dernière expérience en Colombie avec deux poêles rouillées pour envoyer cinquante soles meunières ! Obligé d'aménager la recette. Les filets se sont transformés en roulés de sole farcis aux épinards, enfournés à cent vingt degrés au doigt mouillé faute de sonde de température. Depuis, Paul s'est organisé. Il anticipe. Tout est préparé à l'avance à Collonges, conditionné dans des poches en plastique, cinq cents kilos de victuailles trois étoiles prêtes à décoller dans les soutes de la Pan Am. La soupe aux truffes, le filet de rouget en écailles de pommes de terre, les suprêmes de volaille sauce poulette, la duxelles de légumes voyagent en kit au-dessus de l'Atlantique... Sur place, il ne reste plus qu'à réchauffer, cuire, assembler. Et comme Paul aime bien jouer les VRP du terroir, il embarque avec lui les fromages de la Mère Richard, et pour le dessert, le fameux « ambassadeur » de son gendre Jean-Jacques Bernachon, l'archétype du gâteau de fête rococo avec sa génoise aux fruits confits, crème vanille, carrossé de pâte d'amande vert pomme, enluminures à la poche, rose à l'ancienne aux pétales irisés de sucre à déposer délicatement au moment du service, sans oublier les beaujolais de Georges Dubœuf, les foies gras de Jean Rougié, les champagnes Moët & Chandon. Et pour le décorum, les mini-soupières Valéry Giscard d'Estaing signées Paul Bocuse. Son titre de gloire. Associer son nom au président de la République française, ça imprime. À la fin du repas, elles sont lavées et emballées avec cent cinquante grammes de chocolats Bernachon, dans un papier cellophane fermé comme une papillote par un ruban tricolore. Cadeau de la maison. Souvenir de France. Une idée de Patricia qui cartonne.

Mais ce soir c'est un peu différent, on prépare un dîner pour le Club des Cent à New York. Ce cercle gastronomique très sélectif créé en 1912, et qui ne peut compter que cent membres, exclusivement masculins, cooptés par des parrains, se réunit tous les jeudis pour déjeuner autour d'une bonne table et six fois par an pour des agapes hors norme à Paris et ailleurs. Tout ce que la capitale compte d'hommes d'affaires, hommes politiques, hommes de presse, comédiens et autres gastronomes à large bedaine s'est déplacé. Quelques copains dans le lot. Philippe Bouvard, Bernard Pivot, Jean Castel entre autres. C'est l'occasion de cuisiner en bande. Un plaisir qu'ils partagent entre chefs. En regardant Roger engager la conversation dans un anglais parfait avec le chef des cuisines de l'hôtel, Paul se dit qu'il existe entre eux un lien unique. Camaraderie de vestiaire, épaule contre épaule. Ivresse de la victoire collective quand on décroche la récompense suprême. Ils sont liés par la même histoire, la même foi, la même ambition de monter sur le podium aux jeux olympiques de la bouffe. La bande à Bocuse, c'est une équipe de foot dont il serait le superentraîneur. Pas forcément le meilleur buteur, il le sait. Guérard est plus visionnaire, Chapel plus torturé, Vergé plus bohème, les Troisgros sont plus audacieux… Peu importe, ils font bloc. Ils communient dans la fraternité des têtes penchées, entre gens qui taillent, tranchent, cisèlent plus vite que la lumière, ajustent les proportions à la perfection à force d'avoir appris et souffert, de s'être trompé, d'avoir recommencé, encore et encore jusqu'à oublier la douleur qui s'insinue partout dans le dos, les jambes, les mains, les doigts toujours en mouvement. Ils font partie de la communauté des jusqu'au-boutistes, cuisiniers du soir et du matin, passionnés, défricheurs, provocateurs, éternels insatisfaits. Ils se reconnaissent les uns les autres. Chez le plus novice des commis, ils sont capables de déceler cette prédisposition au premier coup d'œil. Il faudra qu'il en chie quand même, parce que l'apprentissage, ça doit rentrer en force. C'est la règle, y en a pas d'autre. Une brigade, un commandement, une seule ligne, un chef, un second, des sous-chefs, des commis, des apprentis. C'est un mal nécessaire. Faut que tout soit bien organisé pour que la cuisine exulte. Aussi pour ça que c'est un métier de mecs. Ou alors de femmes gaulées comme des mecs. Et encore…

Quelle pignole quand ils se retrouvent entre potes pour cuisiner. Ils se comprennent sans se parler. Coups d'œil furtifs, gestes éclairs, évitement naturel des corps lancés à toute allure. Dans ces moments-là, rien n'existe plus que la volaille à trousser, le filet à désarêter ou la sauce à monter. Pensées suspendues. Vertu du recentrage. Paul aime cette exigence de l'exercice manuel qui l'oblige à lâcher tout le reste. Il se sent vrai, entier, il existe dans cet instantané du geste qui dilate le temps. « On attaque les saumons ? Allez, allez, chacun un saumon entier. » Éclats sublimes de la peau argentée qu'on lisse avant de glisser la lame pour détacher la chair rosée qui révèle chaque fois une nouvelle topographie. « On en est où avec les pommes de terre ? Faut secouer le commis, on prend du retard. Je m'occupe des échalotes. » Le fil du couteau entaille la pulpe aux nuances violettes qui s'ouvre comme une fleur, les lignes parallèles puis perpendiculaires vont se croiser pour tracer un quadrillage parfait s'arrêtant juste avant la racine. Origami tenu par un fil. Il y a comme une respiration avant d'appuyer d'un coup sec pour débiter des dizaines de cubes serrés s'échappant sous le talon du couteau. Maintenant, Jean saisit les filets de poisson, les coupe en deux, puis les tranche délicatement dans l'épaisseur pour en faire deux escalopes plates, comme s'il s'agissait de fines tranches de veau. Oui, ils sont en train d'inventer une nouvelle façon de cuisiner. Les produits ont le goût de ce qu'ils sont. Pas question de les dénaturer par des présentations alambiquées, des faisandages à l'ancienne, des cuissons trop longues. C'est leur religion portée par une multitude de nouveaux disciples. Cuisiner et parler de cuisine est devenu tendance. Hier ils étaient des grouillots, aujourd'hui on les prend pour des artistes. Artisans, c'est déjà pas mal. Ce qui compte, c'est de raconter la belle histoire. Paul adore ça et il ne laissera personne lui confisquer ce privilège. Surtout pas Christian Millau avec ses demi-points ridicules. Dix-huit et demi sur vingt... À quoi tu mesures le demi-point ? Au demi-gramme de beurre que t'as pas digéré ? Bon Dieu, il supportait déjà pas les notes à l'école, il va pas se laisser rouler dans la farine par un type qui n'a jamais tenu une queue de casserole ! Millau a cru qu'il allait se servir de lui. Paul a repris l'avantage : c'est lui qui va le faire danser et pas le contraire. En finesse, quand même, hein, on va pas se le mettre à dos non plus. Son guide fait parler, son canard marche bien. Un mormon ce type. Il lui envoie des filles régulièrement quand il débarque à Lyon et il a toujours pas craqué. En attendant, Paul se venge sur des photomontages assassins. Millau, tête de Turc. « Roger ! T'as vu mon dernier coup avec Millau ? On y a envoyé une lettre avec Patricia, pas piquée des vers. » Il sourit au souvenir de ces mots qu'elle a si bien trouvés pour dire ce qu'il pense. Comme si elle était dans sa tête. Bon sang, elle sait y faire. *La Tête et les Jambes*, comme dirait Pierre Bellemare. Il a absolument besoin d'elle. Tout le temps. Qu'est-ce qu'elle fout d'ailleurs ? C'est l'heure. Paul regarde sa montre. Tout est en place. La cuisine française que le monde nous envie, elle est là, putain, avec des arêtes, des os et du bon gras !

Dans le taxi qui les emmène à Beverly Boulevard, Paul se tait. Il aime bien la laisser mariner. Elle lui a demandé où ils allaient, il a répondu : « Tu verras bien. » Il observe la ville qui traîne en longueur. D'un bout à l'autre de la Terre, les lumières ne se ressemblent pas. Le soleil n'a pas la même intensité, ni le ciel la même profondeur. Ici, en Californie, les ciels rose pâle s'étirent dans une lueur diffuse comme si on avait posé un projecteur derrière une toile opaque. Un goût de pancake et de lait fraise. De temps en temps, il la regarde. Son épaule nue a une rondeur émouvante. Elle porte un débardeur en coton moulant qui s'arrête juste au-dessus du nombril. Son ventre lisse a un éclat velouté dans la lumière dorée. Elle lui parle, commente les devantures, l'architecture typique d'une époque, la dégaine pas possible d'un couple jaune fluo en rollers, un *amazing show* annoncé en lettres clignotantes, des gens qui courent, casque sur les oreilles avec un transistor accroché à la ceinture. « Regarde, Paul ! » Elle est à l'affût du moindre détail. Elle observe, absorbe le monde, jamais rassasiée. Il lit l'intensité de sa présence dans ses yeux noirs grands ouverts. Il la relance, note d'autres détails qui lui apparaissent soudain en suivant le trajet de son regard. Elle a cette fraîcheur de femme avide de voir et de savoir, quand d'autres ne pensent qu'à posséder. Des Rolex, des foulards Hermès, des sacs Vuitton… Elle carbure à autre chose. Pour elle, il a renoncé à sa ceinture au monogramme LV qui lui avait coûté une petite fortune, il ne porte plus les chemises qu'il avait fait broder à ses initiales. Et lui, quelle marque il va imprimer en elle ? Et si au fond elle se servait de lui ? Tout le monde finit par aimer le fric. Il voudrait être sûr qu'elle ne sera jamais là pour ça. Qu'elle l'a dans la peau pour de bon.

« Tu te rappelles notre voyage à Hong Kong ? Quand t'étais fâchée après moi ?

– Et qu'on a pris le bateau pour traverser la baie ?

– Oui. On s'est un peu attrapés et je t'ai demandé pourquoi que tu portais toujours ton alliance, alors que t'étais presque divorcée… Tu l'as enlevée et tu l'as jetée par-dessus bord…

– C'était bien la preuve que j'avais tiré un trait sur le passé.

– Un jour, tu feras peut-être pareil avec la Rolex en or que je t'ai donnée ? Ou alors tu la revendras pour te faire du blé…

– Peut-être.

– J'ai bien réfléchi à un truc que tu pourras pas ôter…

– C'est-à-dire ? »

Il prend son temps pour répondre. Il la regarde, plisse les yeux et laisse tomber : « Un tatouage. »

Patricia se fige. Elle a une sainte horreur du tatouage. Un sceau qui vous marque pour la vie. Elle visualise des dragons aux yeux exorbités roulant leurs écailles sur des avant-bras de camionneurs, des fleurs aux couleurs délavées qui se tordent au creux des reins des strip-teaseuses. Ça fait mauvais genre, sale, pas elle, pas son histoire. Paul a glissé la main dans son entrejambe. Il s'arrête tout en haut de sa cuisse gauche et presse son pouce juste en dessous du creux de l'aine. Il se penche dans son cou et lui souffle à l'oreille : « Là, ça se verra pas. Personne le saura, sauf nous. Et les hommes qui te verront nus… » Elle se relâche au contact du grain de sa peau, de sa paume large que son corps reconnaît presque malgré elle, et s'entend dire : « Comme tu voudras, Paul. »

Danny Wright est un ponte du tatouage à LA. Dans son catalogue, il a toutes sortes de réalisations virtuoses. Mais Paul sait ce qu'il veut. Incapable de l'expliquer en anglais, il prend un morceau de papier, un stylo et dessine un trèfle à quatre feuilles surmonté des initiales PB. Il montre la zone précise où il souhaite que le tatouage soit placé. Ma mère se laisse faire, acquise au désir de cet homme qui la veut au point de la marquer au fer. Au fond de sa gorge, la saveur douce-amère d'être pleinement possédée. Je suis sûre qu'elle boit cette violence intérieure avec l'impression de sacrifier une part intime d'elle-même, trois centimètres carrés de peau dont il sera le propriétaire absolu. Un pacte d'amour qui lui paraît valoir autant que si elle s'ouvrait les veines. En échange, il lui devra protection et assistance. Cette fois, ce sera gravé dans sa chair. Elle pense à ces mots qu'il lui a écrits l'année dernière sur un papier à l'en-tête de l'Imperial Hotel de Tokyo. Après toutes les lettres qu'elle lui avait envoyées à Collonges, il lui avait répondu enfin, depuis Tokyo, à 23 heures, un lundi 2 mai, de son écriture large et régulière qui donnait l'impression de couler comme un fleuve – il avait inscrit une date, une heure, une ville, ce qui l'avait étonnée. Pendant des semaines, elle a repassé ses phrases dans sa tête. Et tandis que l'aiguille s'enfonce dans sa chair au creux de l'aine, qu'elle sent la morsure douloureuse sur cette zone du corps où la peau est particulièrement fine, elle se rappelle l'aveu passionné dont elle ne l'aurait jamais cru capable. « Chaque seconde, chaque minute, chaque heure, chaque jour, je pense à toi, tu m'as envoûté. C'est la première fois que j'aime vraiment, mais c'est très difficile à expliquer. Je ne sais pas, je suis attiré, je ne peux pas me passer de te voir. En un mot, je suis très très jaloux, et on est jaloux seulement de ce qu'on aime. »

Écully, décembre 1978

L'excitation monte. Des poussées d'adrénaline qui me submergent dès que je pense à la soirée qui s'annonce. Un mélange d'impatience, d'inquiétude et de tristesse, déjà, à l'idée que ce moment tant attendu, point culminant de l'année, s'achèvera dans quelques heures. Je me concentre de toutes mes forces pour dormir. Même si, à onze ans, j'ai dépassé depuis longtemps l'âge de la sieste obligatoire, ma mère m'a obligée à me reposer pour me permettre de veiller le plus tard possible. Ce soir, comme tous les 24 décembre depuis le divorce, j'attends avec impatience de voir mon père qui viendra dîner chez nous. Avec la semaine de vacances où nous filons tous les deux en Italie à bord de sa Facel Vega décapotable, ce sont les deux seuls moments de l'année où je retrouve la complicité qui nous lie. Il sera avec la femme qui a remplacé ma mère. Nous sommes une famille moderne, dont maman revendique haut et fort l'ouverture d'esprit. Il y aura aussi ma grand-mère maternelle et la voisine de palier qui vit seule avec son chien.

L'estomac noué, je pense aux menus que j'ai rédigés au stylo or sur des feuilles cartonnées pour chacun des invités. J'ai opté pour une écriture penchée avec des majuscules aux grandes boucles, et des ornements fleuris entre chaque plat. Ma mère m'a transmis tous les détails du festin qui sera livré vers 18 heures et j'ai cherché à le transcrire scrupuleusement en imitant les cartes des grands restaurants : la soupe aux truffes Valéry Giscard d'Estaing, l'oreiller de la Belle Aurore, le lièvre à la royale et son gratin de cardons à la moelle, le plateau de fromages de nos régions, la salade folle du jardin, le gâteau Président, les mignardises et les palets d'or de chez Bernachon… Ce sont ceux que je préfère. Rien n'égale le plaisir de croquer dans ces bonbons de chocolat noir, lisses et brillants, de la taille d'une pièce de 1 franc. Au moment où l'enveloppe piquée d'or cède sous la dent comme une fine pellicule de glace sur un étang, la langue entre en contact avec un ruban de ganache onctueuse, dont la pointe acidulée suscite l'addiction immédiate.

Un repas exceptionnel cela va de soi, et j'ai jeûné à midi pour pouvoir en profiter pleinement. Hélas, pas le moindre appétit pour le moment. Je me rassure en pensant qu'il me reste au moins trois heures avant de débuter le marathon. Je sais aussi qu'il durera très longtemps, car la dégustation des plats sera interrompue par l'ouverture de cadeaux pris au hasard dans les montagnes de paquets qui envahiront le salon. C'est notre rituel. Maman me couvre de cadeaux et gâte nos invités. Chacun de ces présents, emballés dans des papiers choisis, porte une étiquette avec un mot, une idée amusante, une devinette... Tout le monde se plie à l'exercice, même moi, qui ai acheté de petits cadeaux avec mon argent de poche. C'est presque le moment que je préfère, observer la tête de ma mère et de mon père quand ils ouvrent leur paquet. Je guette l'éclat de sincérité dans leur regard, et s'ils font semblant, je le vois immédiatement. Et puis il y a toutes ces surprises dont maman a le secret. Une collection de carnets Hello Kitty rapportés des États-Unis, des livres qui forment un somptueux décor de papier quand on les ouvre, un peignoir japonais chatoyant... En fin de soirée, la machine s'emballe. Il y a encore et toujours des paquets à ouvrir. Je suis à la fois subjuguée et oppressée par cette démesure. Il ne faudrait jamais ouvrir tous ces paquets si beaux.

J'ai entendu la clé tourner dans la serrure et les crissements d'une caisse en polystyrène. La livraison est en cours. Je ne bouge pas. Je n'ai pas besoin de le voir pour sentir le froid de sa parka noire entrer dans la cuisine. Je l'entends donner des instructions à maman. « Fais attention Coco. Feu doux à couvert. Four à cent quatre-vingts degrés. Pas au frais, hein, à température ambiante. » Des bruits de vaisselle qui s'entrechoque, des boîtes qu'on ouvre et qu'on referme. Je patiente. Ce soir, il passera plus vite que d'habitude. La porte est déjà close. Je compte lentement jusqu'à dix pour ne pas laisser supposer que j'étais aux aguets, puis je rejoins maman dans la cuisine, mimant la torpeur du réveil. Sur la table et le plan de travail, un bataillon de mini-soupières chapeautées de film plastique, des plats de service tout emmaillotés, un saladier rempli de feuilles fraîches, une boîte à gâteau deux fois plus haute que large et dûment scotchée, un compotier noyé sous les cerises aux joues lustrées. Rien n'est trop beau pour la fête, même si ça vient du Chili. Sur la cuisinière, les casseroles brillent, encore vides des préparations et des sauces qu'il suffira de réchauffer.

« Un vrai festin.

– Un dîner trois étoiles à la maison, rien que pour nous.

– Ça me fait penser à cette histoire de petite fille qui voit défiler des plats incroyables alors qu'elle est dehors dans le froid, tu te souviens, maman ?

– *La Petite fille aux allumettes*... En moins triste quand même. Nous, on ne va pas rester derrière la vitrine...

– On va même se remplir la panse jusqu'à éclater. »

Et en moi, quelque chose se raidit. Ce repas préparé par un autre, qu'on va servir comme si maman en était l'auteure. Je pense à la dette qui s'alourdit chaque année un peu plus. On lui devra même Noël.

Dans la salle à manger, la table est dressée. Ma mère a sorti les assiettes décorées. Pas celles en faïence blanche que nous utilisons tous les jours et dont le B brodé à la dorure usée marque discrètement mais sûrement la présence de Paul au quotidien. Ce soir, on sort la collection des jours de fête. Avec décors bucoliques et scènes de chasse. Des chevaux, des lièvres, des chevreuils, des sangliers, des perdrix, une armada à plumes et à poil soulignant le sens de l'orgie à venir. Mais ce n'est rien à côté de l'assiette anniversaire réservée au service des fromages. Un peu décentré, Paul Bocuse, raide comme la justice, en veste de cuisinier et toque, regarde fixement ses convives. Autour, une série d'images que je suppose être les symboles de sa réussite : son restaurant du Pont de Collonges, un vieux menu de 1965, une médaille figurant une sorte de moine tenant un compas avec l'inscription « Enseignement technique aux meilleurs ouvriers de France », une écrevisse, un autre médaillon en étoile à cinq branches à l'allure militaire, des couverts, un moule à écailles, une soupière... Mais ces détails restent le plus souvent planqués sous le roquefort, le brillat-savarin, le saint-marcellin et autres fromages qui précèdent l'apothéose en forme de dessert.

En regardant tous ces morceaux éparpillés de ce Paul Bocuse qui ne dîne jamais à notre table mais dévore notre vie, je suis traversée par le souvenir désagréable d'une après-midi chez les Gauthier. Éliane nous avait poussées dehors pour qu'on profite des derniers rayons du soleil d'automne.

« Si on jouait au grand restaurant ? » avait lancé Valérie.

Tout en parlant, elle s'était dirigée vers une zone du parc plantée d'arbres qui forment un cercle avec quelques souches idéales pour jouer à la dînette.

« On dirait qu'on serait des invitées et tu cuisinerais. »

J'avais accepté. L'idée de dresser les plus belles assiettes possibles me plaisait. J'avais cherché des cailloux plats pour mettre la table et commencé à rassembler des feuilles sèches et des brindilles de toutes tailles et des touffes d'herbes. Stéphanie servait un verre imaginaire à Valérie tandis que je m'amusais à imiter au mieux ces élégants plats de chef que je voyais dans les livres où maman était parfois plongée.

« Tu t'y connais bien en grands restaurants ?

– Pas trop.

– Mais tu connais un grand chef, à ce qu'il paraît ? »

Valérie me regardait en souriant, avec cet air de perversité sauvage que les enfants dissimulent si bien devant les adultes.

« Oui, ma mère travaille avec Paul Bocuse. Je le croise de temps en temps à la maison quand il vient signer des papiers.

– Dis donc, tu dois drôlement bien manger chez toi...

– Il ne cuisine pas à la maison.

– Il fait quoi alors, quand il vient ? »

Stéphanie s'était tortillée dans tous les sens en croisant les bras pour enlacer sa propre taille tandis que ses lèvres en cul de poule mimaient un baiser. La brûlure de la honte m'avait submergée. J'avais renversé les cailloux et couru loin au fond du petit bois de la résidence en tailladant les feuilles avec un bâton. Ma mère n'avait rien à voir avec ça. Je ne les avais jamais vus s'embrasser et cela ne me concernait pas. Qu'est-ce qu'elle pouvait comprendre à la vie, cette salope élevée dans le monde de Oui-Oui par son papa et sa maman. « Salope, salope, salope », j'avais répété jusqu'au vertige ce mot interdit qui me donnait l'impression de la salir. Ma mère à moi faisait des sacrifices pour m'élever et subissait cet homme malgré elle. Elle n'avait pas le choix. Comment Valérie aurait-elle pu comprendre la situation de son point de vue étriqué de « petite-bourgeoise » ? Et j'avais repris instinctivement les mots entendus dans la bouche de ma mère, qui opposait ces gens aux « intellos de gauche », à tous ceux qu'elle racontait avoir côtoyés quand elle travaillait comme jeune secrétaire pour l'UNEF-ID. Quand ma mère en parlait, il y avait une nuance de défi dans sa voix, comme un vent de liberté qui la faisait vibrer. Je la voyais rire aux éclats, lancer des phrases tranchantes qui la rendaient irrésistible aux yeux des autres.

En pensant à tout ça, je m'étais sentie fière et plus solidaire que jamais de ma mère, femme debout, capable de se battre seule contre tous. Paul m'apparaissait alors comme une péripétie de la vie, un obstacle à franchir pour aller plus loin. Quand il était à distance, surtout, il cessait d'être réel pour devenir l'autre. C'est-à-dire pas plus lui qu'un autre. Il rejoignait la cohorte des hommes. Cette moitié du monde qui m'était étrangère. Cette altérité contre laquelle les femmes ne pouvaient faire autrement que lutter.

Pourtant, ce soir, l'amertume revenait en même temps que la honte et pour d'autres raisons. Devant la table immaculée où scintillaient l'argenterie et la porcelaine, j'avais l'impression que la bourgeoisie avait changé de camp. Si maman trahissait son idéal de jeunesse, il ne restait plus que moi pour résister. L'opulence bientôt nous asservirait totalement. Qu'est-ce qui nous distinguerait alors de ce que maman appelait, avec une discrète réprobation, les « parvenus » ? Je pense à Kaa hypnotisant Mowgli. Paul est le serpent du *Livre de la jungle*, et je suis Mowgli. Je dois rester éveillée, cultiver la révolte, ne jamais oublier que le monde ne se résume ni au soyeux des sauces grand veneur ni à l'étoffe coulante des foulards Hermès que maman noue de plus en plus souvent autour de son cou.

La sonnerie du téléphone m'arrache à mes pensées. Il a dû falloir une vingtaine de minutes à Paul pour rejoindre Collonges. À peine arrivé, il prend le pouls de maman à distance. Toujours. Je ne perds rien de la conversation. Il essaye de savoir qui viendra ce soir. Maman reste évasive. Pour la troisième fois, elle répond : des amis. Mais il veut des noms. Alors elle ment. « Ce couple que j'ai rencontré chez Léon de Lyon, tu sais bien… Mon amie Rebecca et ma mère. Ils vont être gâtés. C'est sûr. Oui, du lard au cochon… Oui, j'ai pensé au citron… Vers 20 heures. À peu près… Je compte une demi-heure. Pendant qu'on prendra l'apéritif. » Le coup de fil est bref comme toujours. Le temps de relever les compteurs. Maman me met en garde. « Tu ne fais aucune allusion à papa. Tu connais le caractère de Paul. Pas la peine d'en rajouter. » Je sais déjà. Ce qu'il faut dire et ne pas dire. De toute façon, je ne dis jamais rien. J'observe, j'écoute, je guette. Toujours sur mes gardes. Quand Paul est là, je n'ai pas envie de parler. Ça tombe bien, il ne me pose jamais de question intéressante.

Ce qui compte ce soir, c'est la fête de famille, comme si tout était normal. Peu importent les coulisses, beau-père, belle-mère. Sur scène, tout le monde joue le jeu du Noël idéal. Cette année, j'ai mis une minijupe bleu électrique et des collants rouges. C'est la mode des bandeaux. J'en porte un fin et doré que j'ai noué derrière mes cheveux désormais coupés court. J'ai emprunté des chaussures à maman. Les jours de fête, on est autorisé à porter des chaussures à l'intérieur. Semelles désinfectées, hygiène respectée. Je me sens grande et tout à coup beaucoup trop haute. Dans le miroir, mes jambes me donnent l'impression de deux longues brindilles mal assurées. Comment font les mères pour marcher perchées ? Je n'oublie pas l'envolée de parfum. Depuis l'année dernière, je porte un parfum de grande, Eau folle de Guy Laroche. J'aime son nom, sa vivacité acidulée, son flacon spécial. Un cylindre coiffé d'un capuchon argenté avec une bulle d'or coincée au centre, comme un tourbillon creusé dans le verre en plein milieu. Dans les magazines, une publicité vante ses qualités sur fond de cascade vert émeraude : « Fraîcheur des ombres, folie des eaux vives ». J'ajoute un trait de rouge à lèvres sur ma bouche enfantine comme on pose un décor sur un vase chinois.

Quand les invités arrivent, je suis droite comme un I. J'ai bougé le moins possible pour ne rien changer au tableau. J'ai vérifié dix fois dans le miroir si tout était bien en place. Sacralisée. Prête pour la représentation du soir. Il faudra donner le meilleur de moi-même. Prouver à mes parents que je suis parfaite. À mon père surtout. La sonnette me balance une décharge de 220 volts dans le ventre. Ils sont là, enfin. Venus du froid, enroulés dans leurs manteaux, écharpes, gants, jusqu'au bout des doigts, cous, cheveux. Tous ensemble, d'un coup. Pas le temps de les apprivoiser. Ça parle dans tous les sens. Une volière exposée soudain à la lumière du jour. Comment ça va ? Un vrai temps de Noël.

Comme elle a grandi, oui, on est gelés, il doit faire zéro degré dehors. Ohhhh, ça sent tellement bon, on va se régaler. Entrez, donnez-moi vos manteaux, installez-vous…

Le soir de Noël, tout se passe à table. Les grands moments se déroulent toujours à table. Je l'ai compris depuis longtemps. L'importance qu'il faut accorder aux plats qui scandent, encadrent ou même détournent la conversation, puisqu'ils constituent des sujets à part entière, méritant d'être débattus, soupesés, commentés. On n'a pas attendu l'arrivée de Paul Bocuse pour cuisiner. De mère en fille, depuis plusieurs générations, on se passait déjà la recette du rôti de veau aux olives et de la purée au beurre arrosée de jus de viande. Mamie n'a pas son pareil pour les réussir. D'ailleurs, j'aime manger. Manger quand j'ai faim. Cet appétit irrépressible qui vient des profondeurs et m'emporte dans une cavalcade de bouchées sauvages, comme une descente en toboggan. La joie de croquer, mordre, saliver, envelopper. Retrouver dans un goût familier le chemin d'un plaisir à fleur de papilles. La chair chaude et pleine d'une cuisse de poulet. La molle résistance du soufflé aux pommes de terre, l'acidité gracile de la tomate. Tout ce qui fond, éclate, titille, enveloppe, tapisse, ravit.

Cela ne m'empêche pas de me méfier. Les aliments, quels qu'ils soient, présentent toujours une part de danger. Mon œil est un scanner. Attention, ici morceaux indésirables, couleur suspecte qui signalerait une moisissure, queue de haricot vert non éboutée, coloration brune à la surface d'une carotte qui trahit un épluchage hâtif. Mon assiette est un champ opératoire avec une zone stérile au centre et un cordon sanitaire tout autour. Les suspects sont mis en quarantaine, poussés vers la bordure. Gras, nerfs, cartilages, traces de peau de poisson, œil de tubercule, toutes choses biscornues ou incongrues qui auraient échappé à la vigilance du préparateur. Sauces surtout. Que je trouve toujours écœurantes, trop salées, poussées au paroxysme du goût. Ça sent le travail du cuisinier et la casserole de chef. Haut-le-cœur. Je débarrasse les morceaux de viande de leur superflu graisseux ou gélatineux, je les essuie en les promenant avec ma fourchette sur le rebord de l'assiette. Avec le lièvre à la royale confit dans la sauce brune, ça fait un sacré chemin.

« Mais enfin, comment tu manges ? On ne t'a pas élevée comme ça ! » Papa observe l'assiette en chantier.

« Pardon papa, j'ai plus très faim. C'est vraiment copieux.

– Elle n'a jamais faim à Noël, dit maman, tu sais bien. Elle est nouée. Comme d'habitude. »

Dans le brouhaha général, je n'ai pas entendu la porte s'ouvrir. Le bruit de l'intrusion est parvenu à ma conscience rétroactivement, en même temps que j'ai perçu la masse sombre dans l'entrée. Un bloc dur et compact, qui attend des explications. Il ne devait pas venir, il est là. Toisant l'assemblée. Les adultes se sont levés, saluant, félicitant, remerciant pour l'incroyable festin. Paul parle bas, des mots étranglés qui semblent sortir d'un corps ventriloque. « Vous dérangez pas pour moi. Je fais que passer. » J'ai remarqué son œil qui vient de découper mon père au scalpel. Et c'est moi qui me sens agressée. Humiliée par ce combat perdu d'avance. Je me lève sans précaution. Le verre en cristal posé sur le trajet de ma main vole. Je le vois choquer la carafe et s'éparpiller en cascade sur la table dans un bruit qui suspend les gestes et capture tous les regards. Je suis au centre de l'attention. Rouge et gauche. Ce qu'elle peut être maladroite, notre petite Eve-Marie. Du haut de ses onze ans, c'est toujours une enfant. Maman se précipite avec la pelle et la balayette. « Je fais toujours cet effet-là quand j'arrive. » C'est Paul qui vient de parler, faisant sourire tout le monde, sauf moi. Je retiens mes larmes au point d'en avoir mal à la gorge.

Pas question d'offrir à Paul le spectacle de ma défaite. « Je vais t'aider, maman, je suis désolée. » Mais je vacille en me penchant vers le sol. Une tempête s'est levée dans mon estomac. Je sens les premiers haut-le-cœur monter des profondeurs, comme si tout mon corps voulait cracher son dégoût à la face de ces adultes révoltants, incapables de se dresser contre l'injustice. Qu'est-ce que mon père attend pour se défendre d'être là pour sa fille ? De quel droit Paul décide qui vient dîner le soir de Noël, de quel droit il impose sa loi à ma mère ? Pourquoi faut-il encore qu'il vienne coloniser les ventres ? Et avant même que j'aie le temps de courir vers la cuvette, un premier jet me traverse, propulsé directement vers la nappe blanche. D'autres secousses s'ensuivent, imprévisibles et ingérables, accueillies par des cris d'horreur qui surgissent de toutes parts. Une déroute totale. Je viens de signer la fin de la fête. Les tempes battantes, je perçois la rumeur des départs. Papa a articulé « Ma pauvre chérie », ma belle-mère s'est lamentée sur ce beau repas gâché, mamie a suggéré du bouillon de riz, le chien de la voisine a aboyé, la porte s'est refermée et Paul est resté.

Plus tard, depuis ma chambre, j'ai entendu des éclats de voix à travers la cloison. Paul éructait : « Tu te fous de ma gueule, Patricia ? Y devait pas venir ! Tu me prends pour un guignol ? J'peux pas avoir confiance en toi. »

Je n'entendais pas maman, qui répondait plus bas et devait lui demander de baisser le ton. La voix de Paul obéissait un temps puis reprenait aussi fort. « Bien sûr que tu m'as menti ! Ne mêle pas ta fille à cette histoire. Ça n'a rien à voir, c'est une question de principe. T'es pas heureuse avec moi, t'es pas gâtée peut-être ? »

Ensuite, je me suis installée en chien de fusil, repliant mon pouce contre ma lèvre inférieure pour ne pas céder à la tentation de replonger dans cette addiction enfantine dont j'avais eu tant de mal à me défaire. J'ai pressé mon oreiller sur ma tête, laissant les larmes glisser sur mon nez, ma joue, mon cou, sans bouger.

La veste blanche immaculée, la toque haute, le sourire à quatre quatre-vingt-quinze... tous ces éléments qui signent l'identité du chef du siècle pour le grand public me sont étrangers. Quand il vient à la maison, Paul n'est jamais en tenue de travail et la plupart du temps son visage est sévère. Depuis que ma mère s'occupe de son image, il a adopté dans le privé les codes d'une sobriété en accord avec son moi profond. Pantalon noir, polo noir, saharienne noire. Charbonneux et déprimé, c'est comme ça que je le perçois quand il débarque à l'heure du thé, portant le poids de la vie sur ses épaules. Plus les années passent, plus sa renommée enfle, plus il cherche un appui sur le sol ferme pour s'ancrer dans le réel. Ma mère est son plancher des vaches. *J'ai pas le moral. Je sais pas ce que j'ai. J'ai pas le moral.* La même phrase tourne en boucle tandis qu'elle prépare le thé de 16 h 30. L'écume des rires, c'est pour les autres. À nous l'humeur sombre qui vient le chercher à heure fixe comme un messager de la Grande Faucheuse. C'est le moment où ma mère doit lui « remonter la pendule ». Aujourd'hui encore, quand elle raconte ce rôle de soutien de l'ombre, elle fait le geste de tourner une manette imaginaire pour relancer un jouet mécanique. Elle le persuade alors qu'il n'est pas malheureux, que tant de gens aimeraient être à sa place, qu'il a tellement bataillé pour en arriver là. Lui masse les épaules, manie la dérision pour le faire sourire, transvase en lui toute sa joie de vivre avec la même application qu'elle verse le thé dans sa tasse dûment ornée des initiales PB. Quand il repart, léger, pour terminer sa tournée du soir, elle est vidée. Son humeur noire flotte dans l'air comme un parfum d'ambiance entêtant. Il a gagné.

Osaka, mars 1979

Avant d'entrer dans le grand amphithéâtre, il a fait le tour des salles de cours. Pour saluer, honorer, imprimer les rétines. Dans les couloirs de l'école hôtelière Tsuji à Osaka, les plaques égrènent les chefs totems : Auguste Escoffier, Antonin Carême, François Vatel, Fernand Point et Paul Bocuse, bien sûr… Quand il s'avance, précédé de son ami Shizuo Tsuji, il voit la peur qui fige les corps et aussitôt, comme des quilles basculant après un strike, les bustes qui s'inclinent, regard vers le sol. Quelques monosyllabes cisaillent l'air. Tout s'est arrêté. Silence dans les rangs. Paul mesure le temps que met son onde à parcourir la pièce. Il dit bonjour, sourit à la cantonade. « Ne vous dérangez pas. Continuez, continuez. » L'interprète traduit, redonnant un peu d'air à l'assemblée. Il lit plus que du respect dans leurs yeux, une foi sans bornes, aux confins de la stupeur, comme si sa présence physique suffisait à transmettre le don de cuisiner français. Cette façon d'attendre le miracle le touche.

Se ressemblent tous. Visage de cire, faciès tragique, tablier blanc, calotte sur la tête. On ne leur a pas demandé de sourire. La rigueur militaire comme une seconde nature. Les meilleurs commis du monde. Aucun doute là-dessus. Les meilleurs chefs peut-être un jour aussi, au train où ils vont.

Passage au vestiaire où sa veste de cuisinier et son tablier l'attendent. Pliés et raidis, au garde-à-vous. Il aime la sensation du coton craquant au parfum de linge frais sur sa peau nue. Il peut cuisiner sans, mais c'est avec qu'il prend la pleine mesure de son rôle. Boutonne méthodiquement les six boutons ronds de haut en bas. Un vêtement de rien du tout transformé en costume de scène. Toujours propre, sans tache. Il en change autant de fois qu'il faut. Il lui a donné ses lettres de noblesse, un col tricolore qui parle de la France partout où il va, un nom brodé qui impose l'identité du chef. La fin de l'anonymat pour le petit peuple des cuistots, le début d'une nouvelle ère – il a parfaitement conscience du rôle qu'il a joué dans cette autre révolution française. Il place son tablier à la lisière des plis de l'aine, le tend d'un coup sec comme on fait claquer un étendard. Ralenti avant l'emballement du geste, attaches croisées derrière et double nœud devant. À équidistance. Sans bavure. Précis et efficace. *Toreador prends gaaaarde.* L'air de Carmen dans la tête avant d'entrer dans l'arène. Sourit. Ici, plutôt quelque chose du judoka qui enfile sa tenue avant de fouler le tatami. Il glisse la toque au creux de son bras droit comme il inviterait une femme à le précéder.

Dans la salle, ils sont déjà installés. Mille étudiants attendent la bonne parole. La rumeur de son arrivée parcourt les bancs de l'amphithéâtre comme un froissement de papier de soie. Équipé d'un micro-cravate et flanqué d'une interprète qui le suit comme son ombre, Paul s'installe devant le plan de cuisson central. Deux commis au garde-à-vous. Un geste précède tous les autres. Et dans sa tête soufflent crescendo les premières mesures du chœur des esclaves de *Nabucco. Va, pensiero, sull'ali doraaate.* Cette toque qu'il a eu la bonne idée de faire tailler plus haute que les autres par son copain Gilles Bragard. Cinquante centimètres exactement. Il la place sur sa tête, comme on ceint une couronne. Demi-soupir inscrit dans la partition qu'il joue à la gloire de la cuisine française. Suspension sacrée. Au moment où il la dépose, il retient le geste, à peine. Il a toujours eu le sens du tempo. Il aurait pu être chef d'orchestre. À présent son corps occupe l'espace, et bientôt le son de sa voix, où il perçoit un léger tremblement, remplit le champ du silence. Un fond de timidité résiste toujours devant ces grandes assemblées. Il descend dans les graves pour raffermir son phrasé embué. Ralentis, Paul. Pose les mots, ménage des temps entre chaque phrase. Le secret des grands orateurs réside dans les silences, il a appris ça avec le temps.

Un cours sur les sauces mères. Il joue sur du velours. Espagnole, veloutée, hollandaise, sauce tomate… Il sent tout ce que le sel, le beurre, les fonds, les roux peuvent avoir d'exotique au pays des cuissons minute et des sushis. Il leur ouvre les portes d'un nouveau monde. Une alchimie folle inventée par plusieurs générations de chefs français depuis le XVIe siècle. Lier, réduire, allonger. Jouer avec l'élasticité des chaînes d'atomes. Il ne connaît pas les détails scientifiques, d'autres que lui en font des thèses. Mais il sait comment ça marche dans la casserole. À l'œil et au nez, évidemment. Son pote Bardet dit « à la narine ». Mais aussi à l'oreille. Ça les surprend ça, les jeunes, qu'on puisse anticiper l'état d'une sauce rien qu'en entendant murmurer ses *plouplou*, ses tentatives de fuite ou de recroquevillage. Et pourtant, la cuisine c'est aussi ça, un savoir-faire implacable sublimé par l'intuition. Là, il va commencer par la base, les rudiments théorisés par le grand Escoffier. Après, on verra les subtilités, les allègements, les variations.

Derrière lui, les étudiants peuvent suivre la retransmission en direct et en gros plan de tous ses gestes. La cassure nette de la coquille d'œuf quand on s'apprête à séparer les blancs des jaunes, les bulles et les renflements du roux en devenir, le lissage au moment où on vanne la sauce pour empêcher la formation d'une croûte. *Comment on y lie. Pourquoi que ça rate, pourquoi que ça marche*. Paul est sur sa lancée. Il pourrait rester des heures face à cet auditoire qui boit ses paroles, distillées en japonais à la mesure près, quitte à arrêter le cours des choses pour expliquer un mot, clarifier une étape. Dans ces moments, il ne sent plus son corps. Impression de se démultiplier dans l'espace, de glisser sans effort de la planche à la sauteuse, de l'économe au couvercle, d'une queue de casserole à l'autre. Symphonique. Pas pour rien qu'on dit « piano » pour parler des fourneaux.

La leçon magistrale s'achève par une séance photo qui fera le tour des médias. Une armée de calottes blanches ondulent autour du pape de la cuisine française. Des flashes, des dédicaces de livres, de menus, des mains serrées, des tapes sur l'épaule. Il a un mot, un signe de connivence pour chacun. Il donne, tant qu'on lui demande.

Bras croisés, menton relevé, air martial, sourire tiré à quatre épingles. Il est là pour tout le monde, à toute heure. Sur la façade de son auberge, il a suspendu l'écriteau « ouvert 24 heures sur 24 ».

Plus tard, Paul et ma mère sont confortablement installés dans le Shinkansen qui file vers Tokyo. Mal aux épaules, reins cassés, contracture dans le bras droit. Elle lui masse les trapèzes pour le soulager. Il cherche un appui contre la vitre pour dormir. Bercé par le léger tangage de la voiture, il n'arrive pourtant pas à lâcher prise. Rembobine le film de la séquence. « Ils ont aimé, hein ? » Patricia rassure. Les bouffées de joie qu'il a ressenties en sortant de l'école Tsuji font place à une sensation de flottement qui se transforme progressivement en vide intérieur. Très vite son esprit file vers la préoccupation du moment. Le dîner de gala qu'il a refusé à Mizuki. Fatigué de lui faire plaisir à sa milliardaire japonaise. Il a bien fait de l'envoyer bouler. Ça va maintenant. Il la baise, il l'honore, il lui fournit la licence Bocuse dans tous ses restaurants au Japon. Déjà pas mal, non ? Il hésite, cherche un appui. « Dis, Patricia, qu'est-ce t'en penses ? J'ai bien fait d'annuler ce dîner de gala ? Je ferai le service après-vente la prochaine fois. » Patricia approuve. Elle n'a pas vraiment la main là-dessus, si on peut dire. C'est sa décision à lui de faire plaisir ou non à Mizuki. Il soupire. D'habitude, il trouve que c'est la moindre des choses de se donner aux femmes qui le supplient de céder. Et Mizuki est raide dingue de lui. C'est plutôt drôle, elle le couvre de cadeaux, dit oui à tous ses caprices, arrose tout le monde, gâte ses femmes, sa fille, son fils. En échange, ils ont un accord tacite. Quand il vient au Japon, il lui rend visite dans sa suite au Grand Hyatt de Tokyo. Un service comme un autre, qui ne lui coûte rien. Les Japonaises adorent jouer les objets sexuels. Un éclair de désir le traverse à l'idée du dernier stratagème qu'elle a imaginé. Fulgurance qui ne dure pas. Trop fatigué. Trop vieux ? Refuse cette idée. La sève est intacte, bordel. C'est plutôt son côté mièvre qui l'agace, le coup de la petite fille en jupe courte et socquettes blanches dont raffolent les Japonais. Lui, il a jamais fantasmé sur les collégiennes. Il aime pas non plus la peau de son visage, trop épaisse, toujours tartinée d'une écœurante couche de fond de teint, comme la peau du lait qu'a trop chauffé. Jambes un peu courtes aussi. Passe outre. Elle a d'autres qualités. Patricia ne trouve rien à redire. Ou si c'est le cas, elle ne l'emmerde pas avec ça. Elle a raison. Leur relation n'a rien à voir. Ce soir, il va dîner avec des gens qu'il aime bien. Jacques Martin, Jean Castel, Philippe Junot, Alix Chevassus, Mireille Mathieu et Johnny Stark… Ça promet !

Une soirée « grandes dernières », avec les frères Nicolas qui feront sauter les bouchons de leurs meilleures bouteilles. Joli pactole sauvé de la vente. On va ouvrir quelques magnums. Faut pas leur en promettre. Il se tourne et se retourne, cherche l'épaule à sa gauche, s'efforçant d'évacuer un malaise qui ressemble à de la culpabilité. « Plus que deux jours et tu dormiras dans ton lit », lui dit Patricia. Il voit les arbres qui bordent l'ancien chemin de halage le long de la Saône et sent perler la brume matinale sur la rivière. S'endort sur cette image, sourire aux lèvres.

À l'aplomb de la baie vitrée, au dixième étage de la Gate Tower, ils mangent à l'occidentale, caviar à la louche et champagne à volonté. « On aurait bien aimé la rencontrer quand même, ta Japonaise… » Paul élude la question. Il conserve une certaine idée de la galanterie. Préfère parler des corners à son nom chez Daimaru, de la nouvelle collection de produits siglés qu'il commercialise un peu partout : confitures, saucissons, vaisselle… Au passage, il fait un petit détour par Christian Millau. Une de ses têtes de Turcs préférées, avec Georges Blanc.

« Il a jamais eu de palais. Il avait une plume, mais pas de palais. C'était Gault, son goûteur. Alors il a pris un chien, un genre de springer anglais. Pas con, ça a du flair un chien. Il le met sur ses genoux pendant le repas. Quand le chien remue la queue une fois, c'est pas mal ; deux fois, c'est encore mieux. Trois fois, c'est le summum. Chez moi, il a remué la queue deux fois, alors il m'a mis un seize sur vingt. »

Effet garanti. Les saint-marcellin de la Mère Richard, moelleux à cœur, atterrissent au centre de la table sous les applaudissements. Il y aura bientôt le dessert, les mignardises, les cafés et les pousse-café. Le dîner prépare le terrain d'une nuit débridée dans la boîte que Castel vient d'ouvrir à Tokyo. Et après, qui sait ? On verra où leur désir les porte.

C'est alors que le maître d'hôtel s'approche et se penche à l'oreille de Paul. Mme Matsuka l'attend dehors. « Ah non Paulo, tu vas pas nous lâcher maintenant ! » Vraiment pas le moment. Pas envie d'abandonner ses invités pour un caprice de Mizuki. Le buste au nœud papillon s'incline de nouveau, murmurant que c'est important. Paul se décide, entraîne Patricia dans son sillage, lance à la cantonade une vanne de fanfaron qui promet un retour rapide, emprunte l'ascenseur à trou d'air et marche jusqu'à l'entrée du restaurant. Devant la porte, sous la douche des lumières jaunes, stationne une Rolls-Royce lie-de-vin brillant comme une laque japonaise. Le chauffeur, un ancien champion de sumo, s'efface prestement en leur ouvrant la porte. Mizuki est assise à l'arrière. Sa petite tête brune émerge d'un manteau blanc en hermine aux larges manches ballon. Paul s'installe sur la banquette en cuir beurre frais, visage fermé, sourcils froncés. Patricia se glisse à ses côtés. Mizuki s'incline devant ses deux invités et ordonne au chauffeur de mettre le contact.

« On va où là ? Tu sais, Mizuki, on n'a pas beaucoup de temps aujourd'hui. Je t'ai expliqué que je recevais des invités… »

Paul lui a saisi le bras. Mizuki redresse le buste et prend une grande inspiration avant d'articuler dans un français presque parfait des mots débités au couteau :

« C'est un cadeau pour vous, monsieur Paul.

– Quoi donc ?

– J'ai commandé cette Rolls pour vous. Sa couleur est bordeaux parce que vous aimez beaucoup le vin de Bordeaux, et l'intérieur est *beurre fraîche* à cause de la sole Fernand Point au beurre blanc. C'est le plat que j'ai essayé la première fois que je suis venue chez vous, à Collonges. »

La Rolls s'est enfoncée souplement dans la nuit, emportant ses passagers dans un soyeux silence ponctué par le tic-tac de la pendule. Ma mère se penche vers Mizuki et la remercie pour son attention. Elles se connaissent bien. C'est Patricia qui l'emmène deux fois par an écumer les boutiques de la rue Montaigne, où Mizuki est capable de claquer dix SMIC en une heure en achetant la même paire de chaussures déclinée en huit couleurs. Paul ne dit rien. Même s'il sait qu'elle doit écouler ce fric à tout prix, cette folie dépensière le dépasse. Et puis ses yeux de merlan frit dégoulinant de dévotion qui le clouent sur la banquette. Cette douceur exaspérante, cette posture de servante prête à tout. On n'achète pas Bocuse. Il sent monter en lui une violente poussée de cynisme, comme si le combat trop inégal portait atteinte à sa dignité. Le voilà qui scrute les recoins de l'habitacle à la recherche du moindre défaut. Facile.

Il n'a pas vu le bar. Dans toutes les Rolls dignes de ce nom, et Dieu sait s'il en a vu, il y a un bar. Et justement, il aurait bien bu un bon cognac en guise de trou normand, avant de terminer son repas… qu'il a dû interrompre séance tenante pour un caprice de Mizuki. Un repas très important avec des gens très très importants. Mireille Mathieu par exemple. Oui, elle-même, qui l'attend pour commander le dessert. Il y a aussi le problème des vitres… Au Bahreïn, l'émir, qui l'a reçu avec tous les honneurs, roulait en Rolls avec des vitres fumées, c'est beaucoup plus discret. Enfin, surtout, comme c'est étrange qu'elle soit passée à côté de ce détail : le tic-tac de la pendule. Elle l'entend ce barouf ? Dans une voiture où le vrai bijou c'est le murmure presque imperceptible du moteur. Voyons, il faut choisir une pendule à quartz, pas ce tic-tac lourdingue qui gâche tout le plaisir du voyage !

Mizuki, interdite, boit ses paroles. La Rolls a fait le tour du palais impérial et ils sont de nouveau devant l'entrée de la Gate Tower.

« Je compte sur toi, Mizuki, pour ne pas faire de faute de goût la prochaine fois. Alors, à demain pour notre réunion du matin... »

Elle baisse les yeux. Il l'embrasse sur les deux joues, salue le chauffeur, demande à Patricia d'ouvrir la portière et s'extrait de l'habitacle en soufflant. Se sent lourd ce soir. Envie de rentrer à l'hôtel et d'en finir avec cette journée.

De retour dans la salle, le ressort du dîner est cassé. Tout lui pèse, tout le fatigue. L'envie qu'il avait de s'étourdir avec ses potes s'est évaporée. Un goût amer s'accroche aux mignardises. Il veut rentrer à l'hôtel, dormir, se reposer pour attaquer une nouvelle journée qui s'annonce éprouvante. Un échange de regards suffit à Patricia pour saisir son état. Elle ne tarde pas à trouver les mots pour préparer leur sortie.

Dans la suite internationale de l'hôtel Peninsula, Paul s'est affalé sur le grand lit double, laissant dépasser ses chaussures en attendant que Patricia les lui retire. Il fixe le plafond. Il est épuisé mais n'a pas sommeil. Et son mal de reins s'est tranformé en coup de poignard dans les lombaires. Il se déshabille, précédé par des mains attentives qui l'accompagnent partout. Se contorsionne pour enfiler la robe de chambre en éponge qui arbore le monogramme P, comme Peninsula. Comme Paul, aussi. Hausse les épaules, noue la ceinture et traîne les pieds jusqu'à la salle de bains, se regarde dans la glace, se trouve ligoté comme un bibendum. Fuit son visage qui l'emmerde. Qu'est-ce qu'il fout là, bordel ? Mauvais père, mauvais mari, patron fantôme. La vie le dégoûte.

« Je suis fatigué. On devrait rentrer plus tôt. Tu veux pas changer les billets ? »

Patricia attend la suite. Laisser passer le grain jusqu'à la prochaine éclaircie.

« On verra ça demain matin. De toute façon, il est trop tard. »

Ça l'énerve cette réponse. Il voudrait que tout aille plus vite, aussi vite que ses décisions à lui. Il fixe le panneau de bois qui orne un des murs de la chambre, les sept cigognes au long bec et cannes fuselées plantées au bord d'un ruisseau. Ça lui rappelle la pêche, la Saône, la guinguette qu'il aimerait ouvrir sur la plage en face de l'Abbaye de Collonges. « Paulo des bords de Saône ». Un vieux rêve qui remonte de plus en plus souvent à la surface. Plutôt que tout ce barnum qui l'épuise, ces salamalecs à n'en plus finir. Plus il engrange de succès, plus l'ombre grandit, enfle et menace de tout emporter sur son passage. Soit il accélère et s'étourdit dans un vertige de nouveaux projets, soit il a envie de faire mal. À tout ce qui lui tombe sous la main, aux autres et à lui-même. Cette pulsion sadique qui le taraude, personne n'est plus à même de la recevoir que Patricia.

« Patricia, dis-moi...

– Quoi ?

– Tu penses que je suis un salaud...

– On est toujours le salaud de quelqu'un, Paul. Tu ferais mieux de dormir, tu verras plus clair demain.

– Je suis un salaud, mais t'aimes ça. Si je te lâchais la bride, t'arrêterais de m'aimer... »

Il pousse le bouchon pour lui arracher un reproche, coûte que coûte. La piquer au vif, lui faire payer ce rôle de martyre qu'elle se donne pour se grandir face à lui. Patricia ne répond pas.

Paul s'est assis sur le rebord du lit, dos voûté. Sa voix est basse, comme s'il était descendu en dessous du niveau de la mer.

« À quoi ça sert tout ça ? On finira au fond du trou quand même. »

Patricia a saisi son bras droit inerte pour l'inviter à lui envelopper la taille. Il murmure : « D'autres n'ont pas eu ma chance. »

Il se tait et plonge dans ses souvenirs. Il pense à ses bons copains qu'il a perdus à la guerre en octobre 1944. Ça le travaille toujours, quarante ans après. La culpabilité des miraculés. Tout ça pour une queue de guerre qui avait duré trois mois. La division française libre était arrivée à Collonges dans l'euphorie. Il s'était engagé avec ses potes. Pour l'uniforme, pour la gloriole. Direction les bois de Ronchamp en Alsace. C'était presque la fin. Ça sentait la Libération. Titi a explosé sous un chapelet de grenades. Pas lui. Le lendemain, deuxième embuscade. Cette fois, c'est bien lui qui prend la décharge dans la poitrine, comme un lapin de garenne tiré en plein champ. Réveil à l'hôpital de campagne de l'US Army. Transfusé avec du sang américain. Ses trois autres potes, eux, y sont morts.

D'instinct, il pose la main gauche sur son torse et effleure la cicatrice laissée par la mitraille.

« J'ai toujours eu la baraka, à croire que j'ai tiré le bon ticket au loto. Mais au fond, ça change quoi ? On ferait pas mieux de se faire sauter le caisson tout de suite ? »

Patricia connaît son humeur capricieuse et ses brusques descentes. Elle sait qu'il faut que ça passe, qu'elle est là pour faciliter la transition de l'ombre à la lumière. Elle se met à lui masser les reins pour soulager son mal de dos chronique, qu'il chasse à coups d'antalgiques puissants. Demain, ils iront visiter le sanctuaire de Meiji-jingū.

« Et alors ? »

Elle cherche une autre idée pour modifier le cours de son humeur. Revient aux fondamentaux, au plaisir, au lâcher prise.

« Demain soir, c'est soirée savonnette… Tiens, si tu me racontais comment ça se passe ? »

Paul la regarde. Son œil noir s'est éclairé :

« C'est comme une maison close. Il y a une sorte de réception au rez-de-chaussée avec un billard en attendant de prendre du bon temps. Tu entres dans une chambre et y a une femme nue qui se met du savon sur le corps et glisse sur toi… J'ai jamais vu ça ailleurs qu'ici.

– Les femmes sont comment ?

– Des Japonaises.

– Et le décor ?

– Il faudrait que tu voies.

– Et si je me déguisais en homme pour t'accompagner ? »

Paul se redresse, il n'a plus mal aux reins. L'opiacé commence à faire effet. Il sourit à demi. Patricia reconnaît son air malicieux de gamin qui prépare un bon coup.

« Demain, on met les Japonais dans le coup et on va à la soirée savonnette entre hommes ! »

Patricia hésite puis finit par céder devant son enthousiasme. Une farce pour chasser les idées noires. Il n'y avait pas de meilleure porte de sortie. Une fois sur place, on découvrirait le pot-aux-roses. Et alors ? Ils avaient trouvé une nouvelle perspective, un angle d'attaque pour continuer à vivre plus vite et plus fort. Demain, elle se déguiserait en épouvantail pour chasser les démons.

Les Adrets, mai 1980

J'ouvre les yeux et j'aperçois une roche noire dans la pénombre, enfermée dans un cadre à la dorure usée. Modelées au fusain, les anfractuosités semblent dessiner un visage, arête du nez saillante, sourcils froncés, bouche tordue. Je ne vois plus que ça maintenant. Je mets du temps avant de réaliser que je me réveille dans une autre chambre que la mienne. Fraîcheur humide, lit métallique, duvet et oreiller de fortune. Nous sommes aux Adrets, dans la maison de campagne de Catherine. Il y a deux autres lits dans la toute petite chambre, où Alexandra et Éléonore dorment encore. Il est trop tôt pour se lever. J'observe le tracé de la tapisserie défraîchie. Où commence et où finit le motif ? Qu'est-ce qui délimite les pétales de chaque fleur ? Mes pensées reviennent à notre départ précipité. Maman était venue me chercher la veille à la sortie du collège. Elle m'attendait dans son Austin Mini. Gêne de ce traitement de faveur face à mes copines qui montaient bruyamment dans le car scolaire. Elle avait préparé un sac avec nos affaires et on était parties en week-end. Une éternité qu'on n'avait pas connu ça. Maman avait simplement dit : « J'ai besoin d'air, on va passer le week-end chez Catherine. » J'avais accueilli la décision dans un élan de joie intérieure soigneusement maîtrisé.

Je me remémore la tension qui avait abouti à la scène de mercredi soir, la mauvaise humeur de ma mère à mon retour du collège, les appels téléphoniques qui s'interrompaient brutalement. Chaque jour, maman faisait le ménage plus rageusement, avec des gestes mécaniques et saccadés, fonçant tête baissée pour repousser un ennemi imaginaire. Elle avait souvent les yeux gonflés et finissait ses phrases d'une voix tremblante. Elle se cognait contre les meubles, butait sur les portes entrouvertes, s'énervait contre elle-même. Je marchais sur un fil, osant de temps à autre un : « Tu t'es fait mal ?

– C'est rien, juste un bleu de plus. »

Puis elle plongeait dans les dossiers, factures, contrats, discours pour le compte de l'autre. Enfin, mercredi, il était arrivé, selon son habitude, à l'heure du thé. Je m'appliquais à réaliser un panneau en papier Canson à suspendre à la porte de ma chambre. Sur une face, j'avais dessiné le personnage de Snoopy allongé, ventre rebondi, sur sa niche ; sur l'autre, je coloriais un sens interdit. C'est alors qu'il a glissé la clé dans la serrure et n'a pas pu entrer. Maman avait fermé de l'intérieur. Il s'est mis à appuyer frénétiquement sur la sonnette puis à tambouriner comme un fou. « Ouvre-moi, Patricia. Ça suffit maintenant ! » Je n'ai pas bougé, suspendue dans l'attente de la tempête que je sentais monter. Maman est restée dans la cuisine. J'entendais des bruits de bols et de couverts dans l'évier. Les chocs ont redoublé. Cette fois, les coups d'épaule faisaient trembler les murs. Je me suis précipitée dans l'entrée. « Mais il est complètement siphonné. Il va finir par casser la porte », a dit maman.

Je pense à ce que j'ai ressenti pendant cet accès de folie. Je n'ai pas eu peur, au contraire. Dans ma tête, je l'encourageais à frapper plus fort pour que quelque chose éclate enfin. Crever l'abcès, provoquer une prise de conscience qui apporterait du nouveau. Tout plutôt que cette espèce de conflit larvé qui empêchait ma mère de décider par elle-même. Et la porte a cédé, dans un craquement sonore, laissant à l'emplacement de la gâche une dent creuse dans une mâchoire ouverte. Paul était devant nous. Il était très calme, comme surpris d'avoir réussi à entrer. « Pourquoi que t'as pas ouvert ? » Il y a eu un grand silence. Maman a repoussé inutilement la porte et ils se sont installés dans la cuisine. Elle a rapporté la liasse de papiers sur la table et versé l'Earl Grey dans les tasses en ajoutant la cuiller de Régilait. Il était trop infusé mais, cette fois, Paul n'a rien dit. Il a appelé le serrurier de Collonges, qui est arrivé dans l'heure pour sécuriser la porte en attendant l'installation imminente d'une porte blindée à serrure trois points. « Toute façon, vous pouviez pas rester avec une porte comme ça, c'est du papier à cigarette, on l'enfonçait d'un coup d'épaule », il a dit. Et puis il y a eu cette histoire de pardon. Il lui disait : « Allez, on fait la paix, je te pardonne », et elle lui répondait : « Tu es sûr que c'est dans ce sens-là que ça marche ? » J'ai guetté une autre réplique cinglante. Quelque chose de définitif, sans appel. Rien. La journée s'est terminée dans cette zone de gris.

Les jours suivants, quelque chose a basculé, le téléphone s'est arrêté de sonner et maman a ressorti ses pelotes de laine. Elle a repris la confection d'un pull à manches raglan de Charlotte Boon avec un joli empiècement à losanges noirs et bruns. Une mélancolie sourde s'accrochait aux murs. Elle écoutait Barbara. Et je me laissais envahir par la mélopée de cette femme en noir au profil d'oiseau, ses aigus si purs brisés par l'émotion, ses mots soudain précipités qui cisaillaient le cœur. Des sons perlés comme des larmes. *Dis, quand reviendras-tu ? Dis, au moins le sais-tu ? J'ai beau t'aimer encore, j'ai beau t'aimer toujours, J'ai beau n'aimer que toi, j'ai beau t'aimer d'amour, Si tu ne comprends pas qu'il te faut revenir, Je ferai de nous deux mes plus beaux souvenirs.* J'absorbais ce chant douloureux en fixant l'un des rares tableaux que maman avait conservés après le divorce. On y voyait un visage de femme sans contour, réduit à l'essentiel : une bouche, un nez, deux yeux fixes aux longs cils. De l'un d'eux s'échappait une larme, noire comme une tache d'encre. Au bas de l'affiche on lisait : *Bonjour, tristesse*. Nous étions seules au fond du terrier, l'une contre l'autre, l'une pour l'autre. Sa souffrance était la mienne. On ne pouvait pas descendre plus bas.

Cette crise débouchera-t-elle sur une décision radicale comme maman l'avait plus ou moins évoqué hier soir pendant le dîner ? J'aimerais y croire, mais j'en doute. Je pense à cette façon qu'il a eue de s'immiscer peu à peu dans les moindres recoins de notre appartement. Il est partout, depuis maintenant cinq ans, à pousser comme du chiendent entre les carreaux disjoints de notre vie, transformant notre sympathique trois pièces camping en garde-meuble bourgeois. « On a changé de standing », comme dit maman. Je ne saurais dire à quel moment c'est arrivé. J'ai un vague souvenir de notre vie d'avant, des pièces nues, de mon matelas au sol, du vide qu'on remplissait en s'amusant d'un rien. Le confort est entré sournoisement dans la maison. La colonisation a commencé avec les souvenirs de voyage et les montagnes de cadeaux qui encombraient Paul et qu'il nous cédait volontiers : bouddha en porcelaine, vase japonais, affiches américaines, tapis à fleurs, tableaux et sculptures d'artistes. Les pièces de l'appartement aussi se sont transformées les unes après les autres. Les murs ont été repeints en blanc. La couleur de maman. La nouvelle moquette ocre châtoie dans la lumière comme une vaste plage de sable fin. Dans la salle de bains, un grand placard lisse en mélaminé blanc accueille désormais les piles de serviettes, que maman a fait broder à nos initiales, en jaune d'or. La transformation la plus étonnante a été l'installation d'une chaîne hi-fi Pioneer, au tableau de commande rétroéclairé et dont le son se diffuse miraculeusement du salon à la salle de bains en passant par l'entrée, au moyen d'enceintes reliées à un fil courant discrètement au plafond.

Et puis, il y a ces meubles qui affluent à un rythme régulier. Certains sont beaux, comme ce grand buffet de campagne à deux étages qui a pris place dans la cuisine. Je suis fascinée par les deux bustes de femmes surgis naturellement des nœuds du bois, qui ornent les deux portes. J'aime également la commode Empire aux feuilles cuivrées, installée dans la salle à manger, qui tranche avec le style très contemporain de la table en verre posée sur deux arcs de métal. Il y a aussi ces placards de cuisine suspendus qui ont remplacé l'étagère sommaire des débuts sur tout un pan de mur. Eux ne sont pas neufs. Maman m'a expliqué que cet équipement providentiel venait de l'autre ménage, la deuxième famille de Paul, où grandit son fils Jérôme. Paul avait fait rénover la cuisine de Ramone et il avait trouvé judicieux de faire profiter maman de ses anciens placards. L'une des portes n'est pas bien ajustée, il faut la soulever légèrement pour la fermer en mettant en contact les deux aimants. Un petit frottement du quotidien qui fait naître une exaspération sourde, comme une voix de basse qui nous rappelle sans relâche notre statut de « seconde main ».

Mais l'annexion des territoires ne s'est pas arrêtée aux deux pièces principales. Quand Paul eut fini d'occuper les vides – ce qui est arrivé assez vite puisque l'appartement n'excède pas quatre-vingts mètres carrés – il s'est mis en tête de remplacer ce qui pouvait l'être encore. Maman a résisté souvent, elle a cédé beaucoup aussi. Du jour au lendemain, sa chambre s'est retrouvée équipée d'un ensemble complet composé d'un lit, deux tables de nuit, un bureau et une vitrine de style Art nouveau, entrés au chausse-pied dans un volume de dix mètres cubes.

Bien sûr, la marée est montée jusqu'à ma chambre, la dernière pièce au bout du couloir. Le lit aux barreaux de cuivre est arrivé en premier. Je n'ai pas pu m'empêcher de l'aimer pour son matelas rebondi. Mais aucun des meubles qui ont suivi n'a trouvé grâce à mes yeux. Ils ont grignoté l'espace de jeu un à un, imposant leur stature partout, le long des murs, sous les fenêtres, comme s'il fallait à tout prix combler quelque chose. La commode en bois de rose surmontée d'une plaque de marbre, l'imposante armoire à glace qui tutoie le plafond, le bureau victorien qui s'étire comme un plongeoir à vingt centimètres du lit. Il faut que ça rentre, quitte à repousser les premiers arrivants dans les angles pour faire de la place aux petits nouveaux. À croire que le seuil d'absorption de la chambre ne sera jamais atteint.

Et puis, un jour, la grande bibliothèque est arrivée. Il y avait encore un mur blanc sur lequel s'appuyer pour prendre un peu de recul. Ce meuble monumental a eu raison de lui. Je me souviens du choc quand je suis rentrée du collège. La lumière de la pièce avait changé. Le bois sombre et austère absorbait tout. J'en aurais pleuré. Maman se félicite de cette bibliothèque dont les portes vitrées résistent à la poussière. Je la trouve laide et sérieuse comme la façade d'une banque. Je dois l'accepter et remercier Paul pour ce beau cadeau qu'on m'a fait. Mon « merci » dit mon abdication mais n'empêche pas ma résistance intérieure. Mes lèvres ont prononcé le mot et tout mon corps s'est raidi. Je le fais pour maman et parce que je ne veux à aucun moment que cet homme puisse me prendre en défaut. Je dois être irréprochable pour ne rien lui devoir. Un « merci » bien articulé assorti d'un baiser que je rends le plus naturel possible est le prix à payer pour être quitte. C'est comme une transaction muette, un contrat propre et sans bavure. Tu m'entretiens parce que les circonstances l'exigent, je te remercie parce que je suis polie. Sans compter que, si j'étais prise en faute, tu aurais un moyen de pression supplémentaire sur maman.

Paul met évidemment un point d'honneur à nourrir le monstre. Le mois dernier, il est arrivé avec des cartons remplis de livres reliés. La collection complète des œuvres d'André Maurois et de François Mauriac. L'une était vert bouteille, l'autre bordeaux sale. Il avait dû avoir un prix sur les auteurs commençant par la lettre M. Des livres qui donnaient l'impression d'être enterrés dans leurs catafalques de cuir. Froids comme des pierres tombales. Je n'ose pas les approcher. Leurs pages sont sèches et dures. Un jour peut-être, je vaincrai ma répugnance pour approcher le texte brut. Je préfère la collection des Pagnol illustrée par Albert Dubout avec ses personnages grotesques au nez rouge, au ventre de baudruche, et ses femmes en robe à fleurs, coiffées de leurs petits chapeaux coquets.

Il fait encore sombre dehors et pourtant je n'arrive pas à me rendormir. Dès que je ferme les yeux en cherchant la fraîcheur de l'oreiller, les souvenirs affluent. Il y a ces cadeaux que j'ai tant souhaités et qui ne tombent jamais juste. Comme ce vélo vert de mes onze ans, dont j'avais rêvé pour remplacer le petit modèle qui m'obligeait à pédaler les genoux sous le menton. Cet anniversaire a été exceptionnel ; maman a loué une salle des fêtes aménagée dans un reste de château du XIXe siècle sur le parking du marché. Forcément avec l'aide de Paul, mais je n'en sais rien et ne veux pas le savoir. J'ai eu l'autorisation d'inviter une vingtaine de camarades de sixième, presque la classe entière.

On a joué, jeté des confettis, hurlé, jusqu'à l'arrivée d'un opéra démesuré, dont le sublime glacis constitue un socle parfait pour les onze bougies solennelles. À 17 heures, les mères sont venues chercher leurs filles et la salle désertée, à peine troublée par le va-et-vient du balai, sent le désespoir d'une fin de partie. Pour chasser ma mélancolie, maman m'a réservé une surprise. Caché dans le local à poubelles de l'immeuble, qui fait aussi office de garage à deux-roues, un grand vélo m'attend. Il est vert vif, parce que j'adore le vert, et les lettres BASSET s'étalent, bien visibles, sur le tube qui relie la selle au guidon. C'est un cadeau de Paul, et maman me rappelle aussitôt le code de bonne conduite : « Tu le remercieras bien quand il appellera tout à l'heure. » Rien ne correspond à l'image que je me suis faite de cette bicyclette tant attendue. Je me la représentais comme une monture élégante et racée que j'allais enfourcher, bottes aux pieds et cravache à la main. Je trouve le vert ridicule et trop voyant. Un vélo de compétition est forcément noir ou gris argenté, non ? Et surtout le mot « Basset », qui m'évoque ces petits chiens tabourets aux longues oreilles, ruine toute la grandeur de l'équipage. Pourquoi faut-il que Paul finisse toujours par gâcher la fête ?

Allongée dans le lit, fixant les ombres de ma main que je fais jouer au plafond, je m'efforce d'analyser la situation. Même absent, Paul était toujours là. Il avait pris soin de poser ses collets au bon endroit pour empêcher toute tentative de fuite. Et quand je réussissais à le mettre à distance en remplissant ma vie avec mes préoccupations de collégienne, il existait par ricochets. Je ne peux pas contourner l'impact qu'il produit sur maman. Cette acceptation douloureuse et cette révolte sourde qui alternent selon les épisodes.

Petit à petit, elle avait commencé à parler de lui devant moi. Il n'était pas nécessaire de le nommer. « Il », c'était lui. Ses sautes d'humeur, ses crises de jalousie, sa double vie, ses femmes, ses enfants, ses maîtresses, son pognon, ceux qui le trahissaient à tort ou à raison, ceux qui l'adulaient, ceux qu'il méprisait... Il y avait un moment où il fallait que ça sorte, maman évacuait le trop-plein. Et je compatissais, me demandant à quel moment la fameuse coupe dont il était question serait vraiment pleine.

Cette nouvelle péripétie dans notre vie allait-elle changer quelque chose ? Cette fois, il avait dépassé les bornes. Cette fois, ma mère allait prendre une décision radicale. Et Catherine, j'en étais sûre, serait de bon conseil. C'était sûrement la meilleure amie de maman. Elles avaient aimé le même homme, il était mort et elles s'étaient rapprochées. Catherine était ce qu'on pouvait appeler une femme libérée, elle avait du recul et maman l'écouterait.

La journée a filé vers le soir comme on cligne des yeux. Le jardin de Catherine est un morceau de nature sauvage traversé par de petits ruisseaux clairs bondissant sur des cailloux moussus. On a organisé un circuit d'eau avec des seuils et des obstacles. On a planté des bâtons dans le courant, fait glisser des écorces transformées en barques.

Le soir, on dîne dehors joyeusement, le corps pétri de fatigue, grisé de nature. D'autres copains accompagnés de leurs enfants nous ont rejoints pour partager une terrine, un saucisson à l'ail, un pot de beaujolais et un grand plat de pâtes à la bolognaise. Catherine a ouvert une boîte de sauce Buitoni. Personne ne parle de cuisine. Quand la nuit tombe et que les arbres commencent à frissonner dans le vent, tout le monde reflue dans la pièce principale. D'un côté, *les gosses*. Je déteste ce mot. On se rassemble autour d'un jeu de grenouille en bois, haut comme un buffet. Il faut viser la gueule ouverte de l'animal avec un palet d'où gicle un bruit métallique. De l'autre, les adultes, en cercle autour du feu, avec parfois un gamin qui tourne autour et s'entend dire *Lâche-moi la grappe.*

J'observe les hommes. L'un d'eux a des yeux gris en amande, des traits anguleux et des boucles brunes. Il a quelque chose de cassé qui m'attire. Je le regarde déposer délicatement le bras du tourne-disque qui libère dans un léger crachotement *Avec le temps va tout s'en va.* Au fond de la pièce, des étagères remplies de livres, tout gonflés d'une épaisseur vécue. Des auteurs dont maman m'a parlé. Albert Camus, Jean-Paul Sartre, Simone de Beauvoir, Georges Bataille, Roland Barthes… Il y a en eux un pouvoir de subversion immense qu'un jour je voudrais posséder.

C'est l'heure des confidences. Certains sont sortis fumer sous le ciel noir, d'autres jouent au 421 près du feu, maman et Catherine se sont retrouvées dans le coin cuisine pour faire la vaisselle. Je joue au mistigri avec les autres. Mais très vite, je quitte en pensée les paires d'animaux pour suivre la conversation qui court derrière moi. Catherine pousse maman dans ses retranchements :

« Qu'est-ce que tu vas faire ? Tu peux pas continuer comme ça.

– Je sais pas. Ce type est tout et son contraire.

– C'est un manipulateur, c'est même un pervers polymorphe. »

Ce mot savant dans la bouche de Catherine sonne comme une maladie honteuse.

« Il m'a coupée de tout ce qui me rattache à mon passé. Progressivement. C'est comme une tentative d'encerclement. Mon ex-mari, les hommes, les femmes, il est jaloux de mon ombre. Ce qui ne l'empêche pas de sauter sur tout ce qui bouge...

– Je savais que ça durerait pas. Tu es mûre pour prendre la tangente.

– Je sais pas. Je sens que je suis à un tournant de cette histoire. En même temps, je me dis que c'est sûrement mon destin. »

Maman s'arrête, comme si elle voulait laisser au silence le soin de prendre la décision à sa place. J'attends impatiemment la riposte de Catherine. Rien ne vient.

« Je t'assure, poursuit maman. C'est comme s'il avait été toujours en filigrane dans ma vie... Je t'ai raconté que j'avais vingt et un ans la première fois que je l'ai vu ? J'étais à Collonges avec ma mère et mon beau-père. Un déjeuner pour fêter je ne sais plus quelle bonne nouvelle, où ils s'étaient sentis obligés de m'emmener. Je m'en souviens comme si c'était hier. On était devant le chariot des desserts. C'était décadent ! Du fromage blanc à la crème, des coulis, des mousses, des gâteaux, des tartes en veux-tu en voilà ! Après le dessert, je devais passer un coup de fil pour une demande de stage. Le maître d'hôtel m'a emmenée vers la cabine téléphonique, juste à côté de la caisse. Mme Bocuse mère était là. Je me vois encore avec le téléphone sur l'oreille. Il s'est posté à côté de moi, au pied des marches. »

J'entends cette histoire pour la première fois, surprise par ce tableau romanesque surgi de nulle part. J'essaye d'imaginer la silhouette épaisse, les traits lourds, le visage marqué de Paul avec vingt ans de moins. Catherine pose la question qui me brûle les lèvres.

« Il était comment à l'époque ?

– Il portait une moustache noire, il était en tablier blanc, plus mince qu'aujourd'hui, il avait l'air perdu dans ses pensées. Dès qu'il m'a vue, il s'est mis à me fixer… Je me souviens de ce regard, de cette impression d'être déshabillée de la tête aux pieds. Ses yeux noirs, ses sourcils sombres. Il avait… un magnétisme.

– Un obsédé.

– Pas seulement. C'était un regard de connaisseur, de collectionneur de tableaux…

– Nous y voilà ! La femme objet dans toute sa splendeur ! On s'est pas assez battues pour en sortir, nom d'un chien ? Il te mérite pas. Tu vaux beaucoup mieux que ça…

– C'est pas ce que pensait ma mère.

– Ça, c'est une autre histoire. Ce mec est tordu. Ils le sont tous. Tu as croisé autre chose que des salopards dans ta vie ?

– Pierre n'était pas un salaud.

– Tu parles ! Ça dépend pour qui et à quel moment. Depuis l'Antiquité, bobonne reste devant son métier à tisser pendant que son héros de mari va baiser des nymphes à l'autre bout de la planète. Les hommes sont des lâches et ils ont besoin de nous pour exister. Miroir, mon beau miroir. On est là pour faire reluire le Narcisse. Il faut qu'ils brillent dans nos yeux. C'est tout ce qui compte pour eux. Moi, moi et moi. »

J'ai récupéré le mistigri. Je ne sais pas si mon agacement provient de la carte que j'ai piochée ou du couplet que maman et ses copines déroulent une fois de plus sur les hommes. Tous des salauds depuis la nuit des temps, mais pas une femme pour leur résister... Pourquoi y retourner s'ils les font tant souffrir ? Pourquoi passer autant de temps à les séduire, à parler d'eux, à pleurer leur absence s'ils sont aussi monstrueux ? Ça m'exaspère. Catherine joue dans la même cour que maman. Ses arguments sont pourris. Maman m'explique souvent que les choses sont plus complexes qu'il n'y paraît. Depuis le temps que j'entends les raisonnements des adultes grésiller au-dessus de ma tête, je commence à comprendre. Pas besoin de grandir pour les voir se contredire, se chercher des excuses, se parjurer. Jamais, non jamais, une fois adulte, je ne dépendrai d'un homme qui me fait souffrir. Je me jure très sérieusement de tenir cette promesse.

Pendant ce temps, la discussion a pris un nouveau tournant.

En désespoir de cause, maman a brandi l'argument financier. Le comment-je-vais-faire-pour-élever-ma-fille-si-je-quitte-ce-mec. Cette fois, c'est moi le chiffon rouge. La soumission de ma mère est le prix à payer pour que je grandisse dans de bonnes conditions. « Il y a des gens qui sont nés pour trimer. On est bien obligé de faire des sacrifices dans la vie. » Sacrifice. Le mot maléfique siffle comme un serpent au-dessus de ma tête, un fouet qui claque prêt à entailler les chairs, à saigner les gens jusqu'à ce qu'ils crient grâce. Plutôt mourir ! Je ne veux rien devoir à cet homme, et encore moins mon éducation. Je refuse de faire l'objet de ce chantage. Je n'y crois pas une seconde d'ailleurs. Ma mère est une femme libre. Si elle décide de se soumettre, c'est de son plein gré, pas pour moi. Je ne veux pas servir de prétexte. Je rassemble toute ma volonté dans ce non que je dis à l'Autre. Tu peux la posséder tant que tu veux, mais moi, tu ne m'auras jamais. Je suis la part de ma mère qui résiste. Sa chair inviolable, intacte. L'incarnation têtue de sa dignité.

Je n'ai pas eu à attendre longtemps pour comprendre que l'épisode de la porte forcée n'était qu'une manifestation éruptive parmi d'autres. La semaine qui suivait notre échappée à la campagne, maman reprenait l'avion pour une nouvelle mission, qu'elle ne chercha pas à justifier. Malgré les pleurs, les grandes déclarations et les colères noires, rien d'autre n'avait changé dans notre vie que la serrure. Leur histoire avait repris son cours. Le quotidien rythmé par la sonnerie du téléphone vingt fois par jour, les voyages à l'étranger, les retrouvailles, les plats étoilés à Noël, les chocolats à Pâques…

Bocuse fait désormais partie des meubles et je commence à saisir que les scènes qui éclatent parfois à la surface de leurs échanges codifiés sont l'expression de leur langage amoureux. J'y prête moins attention.

Les Gauthier ont déménagé et j'ai une nouvelle famille d'adoption. Un couple de Bretons pure souche, proches de la cinquantaine, dont le mari a été muté à Lyon pour dix ans. Mme Martin est simple et bonne comme les sablés de son pays. Dès le début, je l'appelle « Madame-Martin », comme s'il s'agissait d'un prénom composé, ce qui ne m'empêche pas de la tutoyer. Elle ne travaille pas, elle tient la maison en attendant chaque soir le retour de son homme. Elle soigne ses plantes dans d'amples robes à fleurs, lit *Télé 7 jours* et collectionne les bibelots attrape-poussière. Elle aime la vie. Elle a gardé son âme d'enfant. Sa douceur et son absence de malice sont pour moi un vrai baume tandis que ma mère parcourt le monde.

Les années de collège filent vite. Pour les gens que je côtoie, Paul Bocuse n'existe pas. Je ne parle jamais de lui à personne, sinon pour le présenter comme le lointain employeur de ma mère. Évidemment, quand j'invite des amies à la maison, elles n'en reviennent pas de trouver le grand chef étoilé en personne, assis dans la cuisine en train de boire son thé au lait en chaussettes. Elles envient ma chance. J'acquiesce du bout des lèvres. Je n'ai rien à dire.

Les années 80 sont pourtant capitales dans l'histoire de Paul Bocuse. En particulier 1982, qui représente un moment charnière. C'est l'année de la publication de son best-seller *Paul Bocuse dans votre cuisine*, celle de l'ouverture de son restaurant en Floride, celle aussi de la mort de sa mère, Irma. Bien que je n'aie prêté, à l'époque, aucune attention à ces trois événements.

Beaucoup plus tard, j'ai relu la dédicace que Paul avait écrite pour moi à la sortie de son livre. Il avait barré un mot du titre pour adapter la phrase à la situation : *À la très gentille petite Eve-Marie. Avec Paul Bocuse dans ~~votre~~ SA cuisine, elle fera de bons petits plats pour son adorable mari. Avec de très gros bisous. Paul Bocuse, 20 mai 1982.* J'avais quinze ans. Et derrière mes remerciements polis, rien n'avait trouvé grâce à mes yeux. D'abord, je n'étais pas « très gentille », c'était tout le contraire. Ensuite, sa projection induisait une vision totalement dépassée des rapports hommes-femmes. Et si c'était mon mari qui cuisinait pour moi ? Ces « très gros bisous » me paraissaient aussi tout à fait excessifs, vu la distance à laquelle je me situais. Et cette signature, qui donnait Paul pour seul auteur, alors que je savais pertinemment quelle part ma mère avait prise à l'ouvrage.

En 1982, il est impossible d'échapper à Paul Bocuse. L'homme qui incarne la cuisine française dans le monde est sur tous les fronts. À la télé, dans les publicités, sur les plats cuisinés, dans les journaux. Ce n'est sans doute pas un hasard s'il décide de faire retapisser notre cuisine à ce moment-là. La peinture n'est pas spécialement défraîchie mais on ne peut pas passer à côté de la trouvaille marketing de la saison. Il a choisi une période de vacances pour nous faire la surprise. De retour avec nos valises, c'est le choc. Sur les anciens murs blancs, le portrait de Paul Bocuse, figé dans sa veste de cuisinier, toque haute et bras croisés, se répète jusqu'au plafond en de multiples exemplaires. Il s'agit de la reproduction sur papier peint d'un timbre dessiné pour un énième jubilé. Au sommet, trouant quelques nuages cotonneux, un arc-en-ciel bleu, blanc, rouge. La France et son coq poussant en chœur leur plus beau cocorico... Même absent, Paul va désormais s'imposer chez nous en homme-tronc, diffracté en mille et un lui-même, sur un de ces fonds bleu ciel annonçant des lendemains qui chantent.

C'est certainement un moment de bascule pour ma mère, que je vois, peu à peu, changer de camp. La créature qu'elle a contribué à façonner déborde du cadre. Le plaisir d'être entièrement possédée cède à la fatigue d'être envahie. À la maison, je la trouve plus souvent distante et fermée vis-à-vis de Paul. Le désenchantement gagne du terrain tandis qu'une complicité de femmes en lutte se fraye un chemin entre nous. Souvent un échange de regards, un sourire nous suffisent pour nous accorder.

Mais pas question pour elle d'abandonner le navire. Petit soldat engagé jusqu'à la fin de la guerre qu'elle mène contre elle-même, à New York, Miami, Tokyo... Résistant par la force de l'habitude, accrochée à Paul par ce qui est devenu un combat de couple ordinaire vivant dans des situations extraordinaires. Avec, jusqu'au bout, cette petite lueur d'espoir qui brille au fond des yeux des femmes mal aimées et toujours amoureuses.

New York, janvier 1982

Elle doit tenir. Ça lui passera. Si elle répond, elle apportera du crédit à ses soupçons. Ça fait deux jours que ça dure. C'était juste après le grand mâchon à l'hôtel Pierre. Toute la bande s'était retrouvée à la piscine et ce jeune acteur de série B avait entrepris de la draguer gentiment. Un beau blondinet sculpté comme un Apollon qui manifestement avait un goût pour les petites brunes. C'était drôle. Il ne parlait pas un mot de français et appuyait son discours en moulinant l'air avec les bras. Jean-Marie faisait une fausse traduction simultanée à haute voix. Tout le monde riait et Paul plus fort que les autres. C'est plus tard que les choses s'étaient gâtées. D'un coup, il avait changé d'attitude et lui avait débité une litanie de reproches : elle avait provoqué ce bellâtre, peut-être même qu'elle irait le retrouver au moment du coup de feu, dans sa chambre d'hôtel. Elle avait retenu son numéro, non ? Un p'tit coup au passage, ni vu ni connu. Elle en était capable, vu la manière dont elle l'avait reluqué en minaudant. Il ne peut vraiment pas la lâcher d'une semelle.

Pourtant, tout avait semblé s'arranger dans la soirée. Au moment des discours, l'assemblée les avait un temps embarqués dans son joyeux tangage et Paul s'était donné à son public, comme d'habitude. Mais une fois rentrés à l'hôtel, il était devenu insupportable. Il avait sorti la mallette de billets du jour et compté les liasses rageusement, finissant par les lui agiter sous le nez en disant : « Tu voudrais peut-être que je te paye pour tes bontés ? Au moins, les choses seraient claires entre nous. » Elle n'avait même pas répondu. Il aurait fallu qu'elle vienne lui demander pardon, qu'elle le supplie, qu'elle lui dise à quel point il était irremplaçable. Au lieu de ça, elle s'était enfermée dans la salle de bains et avait guetté le silence pour venir se coucher dans le noir. Lui, comme chaque soir avant de s'endormir, il avait imaginé la Saône à sa gauche, touché le bois de son Opinel posé sur sa table de nuit et lui avait tourné le dos en geignant : « J'ai les reins cassés, tu veux ma mort ! » Elle avait gardé les yeux grands ouverts en fixant le point rouge de l'alarme incendie qui clignotait obstinément. Puis il s'était mis à ronfler. Nuit blanche.

Autant dire qu'en s'installant dans l'avion qui les emmène à Princeton en compagnie d'une critique gastronomique réputée, ma mère sait déjà qu'il va la faire payer cash. Eva Gorz tombe à pic pour satisfaire sa vengeance. Une beauté d'origine slave à pommettes hautes et yeux de chat, diplômée de l'université de Yale, sûre d'elle, américaine. Paul est assis au centre, Eva à sa droite, côté couloir, Patricia à sa gauche, côté hublot. Et bien sûr, ma mère s'est présentée comme la directrice des Produits Paul Bocuse. Carte de visite officielle. Elle est bien sa super-assistante, son ombre qui ne lui fera jamais d'ombre. Que dire d'autre ? La fille maîtrise parfaitement le français, avec un charmant petit accent bonbon anglais à la Birkin. Il va lui sortir le grand jeu. Sur le terrain de la séduction, Paul ne perd jamais avec les femmes.

À peine assise, elle attaque, professionnelle et précise, placée à la bonne distance. Elle a bossé son sujet. L'invention de la brigade, la nouvelle « couisine » et cette révolution des couisiniers qui partent à la conquête du monde grâce à vous. Mais vous, qui fait la couisine quand vous n'êtes pas là ? Paul connaît ses gammes sur le bout des doigts. « Un repas, c'est comme un morceau de musique. Je suis le chef d'orchestre, mes musiciens connaissent la partition. Évidemment, il y a toujours un peu d'improvisation qui fait la magie du moment, vous voyez ? Moi, j'aime le gaz et la broche, parce que la flamme, c'est vivant. Vous imaginez un forgeron sans flamme, un diable sans feu ? » Il la regarde. « Dites-moi si je vais trop vite. » Eva Gorz note scrupuleusement, sourire au coin des lèvres.

« Vous aimez manger ? Vous êtes pas du genre à faire des régimes, ce serait dommage. On connaît vraiment une femme quand on regarde comment elle se tient à table. La cuisine, c'est pas seulement dans les livres, hein. C'est aussi du sang et des larmes. »

Patricia sent sa bascule physique en le voyant croiser les jambes vers la droite et incliner tout son buste de l'autre côté.

« Y a du chemin à faire avant d'arriver aux casseroles, c'est ça le métier. Les jeunes, y veulent plus s'emmerder, tuer le cochon, par exemple, trousser une volaille, ils ont pas appris. Ils font des mousses, ils dressent, c'est des architectes, pas des cuisiniers. Ils planquent les défauts derrière la façade. Faut pas avoir peur, voyez. La cuisine, c'est physique. Surtout physique. C'est pas de la littérature. De la chair, de la "bonne chère", comme on dit, hein. Vous pouvez pas cuisiner sans être un peu copain avec l'animal. Vous avez déjà vu comment qu'on saigne les cochons à la ferme ? Faut l'aimer cette bête pour lui couper la gorge, lui percer les talons, lui ôter la peau, lui vider les organes. Du sang au pied, on mange tout, vous savez. D'ailleurs, en France, on dit : "Tout est bon dans le cochon." »

Maintenant il lui effleure le bras pour appuyer son discours. Eva replace une mèche de cheveux roux qui s'est échappée d'un chignon mollement enroulé autour d'une longue pince. Patricia feuillette le magazine de bord, mais toute son attention se porte vers ce qui se passe à sa droite, entre Paul et Eva. C'est alors qu'il pose la main sur la cuisse de ma mère sans la regarder. Instinct animal, geste de propriétaire. Il est toujours là, faudrait pas qu'elle en doute. Ça l'agace, mais elle ne bouge pas. Tout juste glisse-t-elle un regard furtif du côté de la journaliste, dont l'œil s'est éclairé comme si cette main souveraine lui ouvrait des perspectives. L'hôtesse de l'air tranche le fil en apportant des verres de champagne rosé. Un Taittinger, c'est le champagne préféré d'Eva. Madame connaît ses classiques. Les bulles éclatent sur l'écume insouciante de la conversation. Les corps se relâchent et Paul se penche à l'oreille d'Eva tout en remontant la main entre les cuisses de Patricia, qui bloque d'un coup sec l'ascension importune. Paul la fixe d'un œil noir et poursuit en direction d'Eva : « Les femmes aiment les machos, les gentils finissent toujours cocus. »

Il a envie de jouer, pas elle. La partie est bien trop inégale. Et elle a plus urgent à faire. Un livre de recettes à terminer : il lui reste la moitié de ce foutu bouquin à relire ! Elle plonge aussitôt dans son sac et en ressort un épais dossier portant l'inscription *Paul Bocuse dans votre cuisine.*

Paul questionne :

« Tu t'y remets maintenant ?

– Il reste un mois pour finir la relecture... »

Eva Gorz s'est redressée d'un coup, sous l'aiguillon d'un scoop potentiel. Un nouveau livre ? Paul se lance. Il n'est jamais trop tôt pour faire la promo. Rien à voir avec son dernier livre, *La Cuisine du marché*, qui s'adressait à des cuisinières un peu capées. Ce nouvel ouvrage rassemblera des recettes simples comme bonjour pour la ménagère, les grands classiques de la cuisine revus et corrigés par Paul Bocuse. « Mais c'est une idée géniale ! Patricia a travaillé avec vous sur le manuscrit ?

– Oui, elle a mis en forme mes recettes, c'est important d'avoir un regard féminin quand on s'adresse à des femmes. »

Bien sûr. Patricia renchérit, sort quelques pages annotées. L'information est encore confidentielle. Le livre sort en mai.

Tout s'était décidé au cours d'un dîner chez Henri Flammarion. L'éditeur avait placé ma mère à sa droite, comme d'habitude. Il avait aussi invité Frédéric Dard pour faire plaisir à Paul, qui ne le lit pas, bien sûr, mais les titres de ses livres l'amusent… Elle pense à l'appartement de la rue Racine, cette impression de sentir la pulsation de l'intelligentsia parisienne. Elle revoit défiler les livres, les parquets haussmanniens, les moulures, les bustes en bronze, les sanguines de Balthus, ce mélange d'élégance et de culture qui imprègne les manières de ses hôtes et raconte un monde auquel elle n'appartient pas, où elle s'efforce de se couler le plus naturellement possible. Il fallait faire preuve d'esprit et donner à la conversation un tour qui permette à Paul de briller à sa façon. On parlait de cuisine, bien sûr, et de bons vins, mais aussi de voyages. Il y avait toujours des péripéties incroyables à raconter. Paul livrait les anecdotes avec truculence et Patricia faisait ressortir les détails qui donnaient du relief à la scène. Leur duo était parfaitement huilé.

C'est au cours d'un de ces échanges sur les grands succès de l'édition culinaire qu'Henri Flammarion avait eu l'idée d'explorer le filon de la cuisine pour tous, portée par la caution d'un grand chef. Patricia s'était entendu dire : « Vous aimez cuisiner et vous avez une vraie culture du produit, je suis persuadé que vous nous feriez un merveilleux livre à la manière de Françoise Bernard ou de Ginette Mathiot, un livre qui s'adresserait à toutes les ménagères, même celles qui ne sont jamais entrées dans une cuisine ! » Patricia avait répondu qu'elle n'en était pas sûre du tout, tandis que Paul s'enthousiasmait : « Oui, oui, bien sûr, elle en est capable. »

C'est ainsi qu'elle se retrouvait à corriger ces recettes dans l'avion, sous le nez de Paul et d'Eva Gorz. Un an qu'elle traînait ce manuscrit partout et tout le temps comme un boulet. Elle avançait dès qu'elle trouvait un moment libre, chez elle bien sûr, mais aussi dans les aéroports, les hôtels, les avions, les salons VIP, arrachant du temps au temps pour honorer le contrat d'édition que Paul avait signé en son nom à lui. En acceptant le deal, comme elle avait accepté progressivement tout le reste, elle ne s'attendait certes pas à partager une partie de sa gloire, mais elle croyait au moins pouvoir prétendre à une forme de reconnaissance de la part de cet homme à qui elle se donnait corps et âme. C'était sans compter sur son caractère ombrageux et la jouissance qu'il tirait à la provoquer, à la mettre en rogne, à la piétiner pour pouvoir mieux la posséder. L'écriture de ce livre était devenue le terrain d'un match permanent. Ils s'amusaient à compter les points à coups de béchamel et de sauce barigoule. Un à zéro, un partout, deux à un. Ils auraient pu se tuer pour défendre leur point de vue sur la proportion de farine dans une blanquette.

Tandis que ma mère s'est replongée en pensée dans cette lutte épuisante, Paul a embrayé sur le récit des dîners de la rue Racine. « Henri Flammarion nous avait invités à manger une chartreuse de bécasse. Il avait une très bonne cuisinière. » Patricia revoit cette femme tremblant de rater son plat pour le grand Paul Bocuse. « Il avait une toute petite salle à manger pour six personnes alors que sa chambre était une vraie salle de bal. Alors j'ai dit : “Pourquoi que vous inversez pas les deux ?” Deux mois plus tard, on soupait à l'aise dans la nouvelle salle à manger… » Cette fois, Eva est conquise. C'était drôle en effet, et tellement caractéristique du pouvoir de persuasion hors norme de Paul. Évidemment, il n'allait pas entrer dans les détails de fabrication d'un futur best-seller. Et personne ne saurait jamais qui se cachait derrière les… combien ? mon Dieu ! bientôt trois cents pages de ce maudit bouquin, dont elle ne retirerait ni lauriers ni droits d'auteur… Mais au moins qu'il la laisse travailler tranquille ! Ses recettes, elle les connaît mieux que personne, elle les pratique depuis des années et elle les refait au moindre doute. Rien à voir avec ces recettes de chefs, le plus souvent infaisables, tirées de fiches techniques rébarbatives, non vérifiées et mal adaptées au quotidien de la fameuse ménagère. *Bocuse dans votre cuisine,* c'est bien autre chose. Ce sont de bons petits plats de tous les jours, des recettes du terroir exécutées avec brio par sa grand-mère et sa mère, qu'elle a rendues siennes et pratiquées assidûment pendant ses six ans de mariage. Il y a le rôti de veau aux olives de Simone, le gâteau de foie de volaille de mémé Nana. Il y a aussi des classiques dont elle s'est constitué un petit répertoire au fil du temps et, bien sûr, des recettes de Paul, mais elle leur enlève leurs tours de main compliqués, elle instaure des proportions de beurre et de crème raisonnables et refuse cette montagne d'ingrédients que les chefs se croient obligés de mettre partout. Sur cette matière, ils peuvent s'étriper tous les jours. Au nom de Carême, du grand Escoffier, de Gringoire et Saulnier, du père, du fils et du saint-esprit de la cuisine. Toute critique gastronomique qu'elle est, Eva Gorz ne peut pas comprendre. Personne ne le pourrait d'ailleurs. Écorner l'icône, ça n'aurait aucun sens et Patricia n'en a pas l'intention. Elle s'applique jour et nuit à polir la statue d'un homme qui a enfin l'étoffe des héros, ce n'est pas pour en exhiber les ficelles à la première venue !

« Vous êtes un homme surprenant, pour ne pas dire extraordinaire.

– Faites-moi signe quand vous viendrez à Collonges, je vous ferai découvrir mes limonaires. J'ai un Gaudin qui équivaut à un concert de cent dix musiciens. Vous verrez, c'est quelque chose. »

Patricia ne sait que trop comment se termine ce genre de visite, dans la coursive cachée de l'orgue de Barbarie, là où se déroule le grand ruban des cartons perforés. Grand bien leur fasse.

Ils lâchent Eva Gorz sur la piste d'atterrissage, où les attend le chauffeur de sir Robert Johnson. Paul s'est radouci. Patricia n'est pas surprise. Elle a l'habitude de ses sautes d'humeur. « Soupe au lait », c'est sans doute l'expression qui le définit le mieux. Elle a appris à naviguer sur ces eaux troubles. Quand le vent tourne à la tempête, elle sait qu'il faut attendre la prochaine escale. Pour l'heure, la perspective d'être reçus par l'une des plus grandes fortunes américaines, simplement après avoir croisé son avocate dans un théâtre de Broadway, suffit à apaiser les tensions. À l'arrière de la Rolls blanche, le moelleux des sièges en cuir agit comme un onguent. Le luxe est une marche facile vers le pardon. « Je t'en paye des vacances de rêve quand même… »

Vingt minutes plus tard, en passant les grilles qui s'ouvrent sans bruit sur le château que sir Robert Johnson vient de faire construire pour sa quatrième épouse, une belle princesse polonaise nostalgique reportant toute son affection sur ses épagneuls King Charles, ils ont beaucoup trop à découvrir pour continuer à s'intéresser aux détails de leur dernière fâcherie. Patricia n'a pas besoin d'échanger le moindre mot avec Paul pour savoir ce qu'il ressent. Comme elle, il enregistre chaque détail, scrute les visages, les motivations, apprécie les passions des hommes, salue leur mérite, flaire leurs impostures, évalue jusqu'au vertige les sommes astronomiques qu'il a fallu dépenser pour construire chaque empire. Et cette mosaïque d'impressions rejoindra l'album de leurs souvenirs communs. C'est leur terrain de connivence et c'est son unique héritage. Elle se promet d'en égrainer les perles nacrées jusqu'à sa mort.

Collonges, juillet 1982

D'habitude, la cuisine emporte tout avec elle. Ses pensées, ses projets, ses idées noires, ses pulsions. Il passe au milieu des tabliers blancs, regarde l'amoncellement de produits frais sur le marbre, compte les casseroles qu'on pose sur les fourneaux, perçoit le souffle de l'adrénaline qui monte avant le service et il se sent comme neuf. Régénéré de l'intérieur. À ça qu'on reconnaît un chef, la danse de l'éphémère le galvanise. Pas aujourd'hui. Paul est ailleurs, dans les couloirs de l'hôpital de Caluire où il retrouvera sa mère dans quelques heures. Dans la chambre où il l'a vue si faible hier, le visage minuscule, enfoncée dans des draps jaunes. Dédoublé, il s'entend lancer les ordres qui donnent le tempo. « Quatre pigeons, et derrière ? Deux carrés, deux canettes. Jean ! Regarde voir ce qu'y fait là-bas. Allez, la sauce au passe, les quatre vessies derrière, allez ! » La cuillère embrasse les petits pois vert vif nimbés de beurre qui roulent comme des billes dans la sauteuse en cuivre. Paul surveille l'arrondi du geste qui enrobe. Ça suit. Il entend les chœurs, les « Oui m'sieur Paul ! » de ses lieutenants, les « Oui, chef ! » des plus jeunes en écho. On tient le rythme.

Il était pas là quand c'est arrivé. Il s'en veut. Il a rien vu venir. Il pense au tournage de Rosières qu'ils ont dû lâcher précipitamment pour rentrer. À ce nouveau train rapide qui leur a permis de rejoindre Lyon en deux heures quarante. À Raymonde qui lui a donné les informations au compte-gouttes pour rendre les choses plus difficiles encore. Son corps continue d'épouser le tourbillon de la cuisine. Des mains empoignent les queues de casseroles, un fouet s'agite dans une sauce hollandaise. Un énorme loup en croûte émerge des profondeurs sur un plat en argent. Un peu trop brun. Il a pris un petit coup de chaud. « Attention, faut surveiller les fours, les gars ! » Mais les écailles et les nageoires sculptées dans le feuilletage sont parfaites et le bec pointe vers un foisonnement de salade piquée de fleurs fraîches. L'œuvre est sertie d'une rangée de demi-rondelles de citron qui dessinent un coquet feston de dentelle jaune vif. Totalement kitsch, il assume. On n'est pas chez Pierre Gagnaire ici, on est chez Bocuse, temple de la cuisine classique. « Envoyez ! Table 18. » Oui chef ! Les jeunes commis, silhouettes minces, visages pâles, cheveux coupés ras la toque, se croisent et se recroisent dans leur veste de coton raide, décrivant un circuit dont eux seuls anticipent les boucles imprévisibles. Raymonde passe la porte, dans une robe fluide coupée à une longueur raisonnable, à la lisière du genou. Concentrée, dos droit, chignon blond impeccable sous un voile de laque. Paul pense à sa mère, qui porte exactement la même coiffure, les mêmes robes élégantes et sages. Raymonde a tout appris d'elle. Le visage de la maison Bocuse. Il chasse une impression désagréable en tombant sur un apprenti qui lambine. « T'es après rêvasser pendant que la sauce attache ! Faut bien y lier, gamin. » Le remords passe par la souffrance qu'il a infligée à sa mère en trompant sa femme. Il sait que sa mère désapprouve sa façon de vivre, même si elle n'ose rien dire. Il sait que son ambition démesurée lui fait peur. Toujours inquiète, toujours à se faire du mauvais sang pour lui.

François, son directeur de salle, vient d'entrer en cuisine. Vif, délicat, prévenant. C'est le baromètre de l'humeur du jour. Il brosse un tableau rapide de la situation, s'arrête sur les clients importants. Paul enregistre. Le chariot des fromages est déjà parti et le pâtissier finit la préparation des sorbets minute. C'est bientôt l'heure de son entrée en scène. Un coup d'œil sur les œufs à la neige brillant comme des icebergs en plein soleil. Passer au vestiaire. Il ne sort jamais en salle sans avoir enfilé une veste et une toque propres. Pilote automatique. Une image le poursuit sans répit. La berge de l'autre côté du pont de Collonges. Elle est forcément descendue en face. De ce côté-ci du restaurant, il n'y a pas d'accès à la rivière. Elle a dû traverser, prétextant une promenade. Il fait beau, on est au mois de juillet. Elle a pris l'escalier en s'accrochant à la rampe. Elle marchait péniblement ces derniers temps. Tête penchée, plus courbée que d'habitude. Comme si elle portait le poids de ses engagements à lui. Maman, tu peux me faire confiance, j'ai cinquante-six ans.

Il emprunte le couloir qui mène à la grande salle, glisse la main sur le coffre en bois pour conjurer le sort. Au moment où il apparaît dans l'encadrement de la porte, les premiers clients qui l'aperçoivent cessent de parler. On escamote les dernières bouchées dans un sourire. Le show peut commencer. Avancer entre les tables et sentir l'abandon des corps repus, lire sur les visages cette satiété qui confine à la plénitude, cueillir le plaisir du client comme un fruit mûr. « Comment allez-vous ? Vous avez fait bon voyage ? » Leurs visages ne lui disent rien, mais il a ouvert les bras, jovial et enveloppant comme s'il les attendait depuis longtemps. Le directeur de salle s'est avancé prestement pour faciliter les présentations. « Les Dubarry ont fait le voyage des États-Unis jusqu'à Collonges pour découvrir votre cuisine, monsieur Paul. » Et la mémoire lui revient d'un coup. Dubarry le bien nommé ! Ce type qui lui avait sauvé la mise à l'aéroport de New York ! L'homme, né à La Nouvelle-Orléans, possède quelques mots de français et se met à raconter ses souvenirs avec force gestes en prenant à témoin sa femme, qui connaît depuis longtemps cet épisode illustre de la vie de son mari. Paul sourit en pensant à l'anecdote. Ils n'avaient pas pu atterrir à JFK et leur vol avait été détourné à l'aéroport de Newark. Pas possible de compter sur l'attaché d'ambassade qui lui facilitait habituellement le passage. Il se retrouvait avec vingt-cinq caisses à passer, dont une bonne dizaine contenant saucissons, viandes, terrines et foies gras, qu'il était formellement interdit de faire entrer sur le sol américain. C'est là qu'il avait foncé sur un douanier sympathique et bedonnant en sortant de sa poche le numéro de *Newsweek* où il paradait en couverture. Reconnu au premier coup d'œil. Pas difficile ensuite de choisir les caisses à ouvrir pour rassurer le douanier sur la marchandise. À l'intérieur, Dubarry découvrait avec ravissement des montagnes de tablettes de chocolat… Ils avaient sympathisé, bien sûr, dans la communion de la chère. Et Paul lui avait proposé de venir à Collonges un de ces jours, en famille, comme s'il habitait la porte à côté.

Maintenant, il ne reste plus qu'à livrer cette part de lui-même qu'il offre à tous, sa présence charnelle, sa jovialité, ses formules chocs. Il en use confortablement au moment d'entrer dans la boutique, comme un représentant de commerce poli par trente ans de métier. Cette mécanique bien rodée ne l'empêche pas de se fondre avec bonheur dans le rôle presque malgré lui. Même aujourd'hui, alors qu'il n'a pas la tête à ça, il cède. « *Dubarry* comme la comtesse, la maîtresse de Louis XIV. Oui, un nom très connu en France. *Dubarry* comme la marque de foie gras. C'est de la grande distribution, mais c'est pas mal fait. Vos ancêtres doivent venir du Gers ?… » Le voilà qui prend la pose pour la photo. Entre monsieur et madame, exagérément droit, menton relevé, mains posées paternellement sur leurs épaules. Et puis il signe le menu que François a apporté. Il s'applique comme un enfant. La signature est un rituel qui occupe tout son esprit. Le P majuscule, puissant et dominateur, propulsé vers l'avenir, le a, rond comme une pomme roulée au pied du tronc, le u et le l qui se succèdent à petits pas avant l'entrée en scène du nom de famille. Le B de Bocuse est toujours plus bas, un peu à l'ombre du prénom, sympathique et bedonnant, donnant l'impression de pousser le reste de l'équipage. Hormis le o, joyeux et tapageur, les dernières lettres s'écrasent comme des vagues sur la page blanche. Le s est à peine visible, accroché à la boucle du e, tombant et timide. Le nom de son père. Il salue chaleureusement les Dubarry et poursuit son tour de salle. Avec les jeunes restaurateurs de la table 10, le courant passe immédiatement. Paul a senti la main rugueuse du mari. Ils sont du même monde. Pas fait l'ENA, mais « Sciences Pots ». Très vite, ils parlent approvisionnement, charges, personnel, mais aussi investissements et guide Michelin. Ça fait six ans qu'ils n'ont pas pris de vacances. Traits tirés et poches sous les yeux. Paul s'est assis à leur table. Il apostrophe un serveur : « Dis voir, apporte-moi un café et sers-leur une bonne gnôle. Qu'est-ce qui vous ferait plaisir ? J'ai une mirabelle extraordinaire de chez Massenez, c'est pour moi. » Et tandis qu'ils racontent leur quotidien au Creusot, il se voit trente ans plus tôt quand il a repris le restaurant familial avec Raymonde, la rage qu'il avait de rembourser ses dettes, gagner encore plus pour ne devoir rien à personne. Il voit les parasols Orangina, les nappes en papier et les toilettes au fond de la cour. Sa chère maman qui tenait les livres de comptes et veillait sur tout. Des journées sans souffler, de l'aube à pas d'heure. Son père encore jeune et déjà cuit à petit feu par la chaleur des fourneaux. Et trop d'alcool. Il ne dit pas tout ça, il dit simplement : « Nous aussi, on a mangé des vaches maigres. » Et d'autres images défilent à toute vitesse. Celles du restaurant de sa jeunesse, plus tôt encore, à l'époque du jeu de boules. Là où sa mère a grandi également, puisque c'était le restaurant de ses parents, avant qu'elle se marie et que son époux rachète l'affaire à ses beaux-parents. Une sacrée histoire. Il la revoit en train de prendre les commandes en salle, s'incliner sobrement devant les clients, fronçant ses épais sourcils noirs, qui lui donnaient cet air sévère qu'elle adoucissait d'un regard. Sa façon de s'essuyer les mains dans son tablier quand elle aidait son père en cuisine, ce geste qu'elle avait de se passer la main sur le front puis de rentrer quelques mèches rebelles dans son chignon. Sa mère, qui a glissé dans la Saône il y a trois jours. Cette fois, il doit y aller. « Au r'voir, bon retour, continuez, c'est au fond du pot qu'on trouve le marc. »

Il pousse la porte des cuisines en fin de service. C'est l'heure où on slalome entre les brosses et les seaux d'eau. Bientôt il n'y aura plus le moindre relief sur les inox astiqués à blanc.

« Roger, tu m'as mis de côté les filets de sole ?
– Oui, m'sieur Paul, dans le frigo 3. »

Il les prendra au moment de partir. Avant, il va faire un tour. Envie de suivre le chemin qu'elle a emprunté vers la rivière, comme s'il la pistait sans qu'elle le sache, pour la rattraper, pour empêcher le passé d'advenir. Il hypnotise bien les poules, il pourrait suspendre le temps. Marcher jusqu'à la Saône, sa Saône aux *meuilles* dangereuses. Tout n'est qu'explosion de verts autour du pont. Il avance en longeant le parapet, s'arrête au milieu, plonge le regard dans l'eau grise. Un vieux tronc noir coincé entre les rochers crée un remous bruyant qui contrarie le courant. Il poursuit jusqu'à l'autre rive et prend à gauche. C'est là qu'elle est descendue. Il s'approche de la rive herbeuse. Tout est sec, il n'y a pas de traces de boue. Juste des fleurs innocentes et des battements d'ailes. Il n'y croit pas. Elle n'est pas tombée à l'eau. Elle est entrée dans la Saône. Et c'est comme si elle était devant lui avec sa robe à fleurs et son chapeau noir. Il pense aux mots de Raymonde : « Elle a sûrement fait un malaise au bord de l'eau. Et puis, il y a un "jeûne" qui passait par là. On lui doit une fière chandelle. Sans lui, elle se serait noyée. » Il inspire puissamment sans parvenir à remplir ses poumons. Le gars a eu la présence d'esprit d'appeler les pompiers, ils l'ont ranimée et emmenée en urgence à l'hôpital. De nouveau, son visage blanc et creux perdu au milieu de l'oreiller. Hier, elle était si faible qu'elle n'a pas pu parler. La lumière d'été se change en lame d'acier. Il n'a pas réussi à la protéger. Impuissant. Il rebrousse chemin jusqu'au croisement, avec l'impression de se détacher du monde. Il pourrait revenir en arrière dans son corps d'enfant. S'opposer à elle, la taquiner, l'exaspérer, puis faire le pitre une fois de plus, parce que ça la fait rire. « File, je dirai rien à ton père, mais c'est la dernière fois, hein ? »

Juste avant de monter en voiture, il est passé voir Martine dans son bureau du rez-de-chaussée pour s'assurer que tout roule. Une énorme enveloppe est arrivée des États-Unis. C'est un catalogue d'équipement professionnel, pour le restaurant des chefs en Floride. Il reste trois mois avant l'inauguration et la dernière phase d'aménagement est en cours. Nappages, décors de table, vaisselles, uniformes en salle… Il faut finaliser les commandes pour un roulement de mille cinq cents couverts par jour. C'est énorme. Il se projette dans le feu du service, là-bas. Il a mis des hommes sûrs, une organisation militaire. Il verra ça demain avec Patricia. Il n'arrive pas à endiguer la bouffée d'excitation qui le submerge à la pensée de ce projet démesuré. Pourquoi sa mère a-t-elle si peur ? Il peut assumer. « Plus grands yeux que grand ventre », elle dit. Il va la rassurer, lui raconter comment ça marche là-bas, l'emmener en Amérique un jour, quand elle ira mieux. En route vers l'hôpital, il se persuade, l'imagine déjà rétablie, se prépare à lui dire à quel point elle a meilleure mine qu'hier. Sur le siège passager, il a déposé un sac contenant une assiette, des couverts et une boîte hermétique serrée dans de la cellophane. À l'intérieur, les filets de sole aux nouilles Fernand Point, son plat préféré. Mieux que tous les médicaments.

Dans les couloirs de l'hôpital, il avance en saluant les patients, se composant d'instinct un air bonhomme pour mettre la mort à distance. Sa mère a toujours veillé sur lui, c'est à lui maintenant de veiller sur elle. Seulement, quand il pousse la porte de la chambre d'Irma Bocuse, quelque chose fléchit et s'agenouille en lui. Cette femme amaigrie au visage creusé, flottant dans une blouse en papier mince, ce n'est plus tout à fait elle. L'hôpital a entamé son processus d'appropriation. Il retient sa respiration. Derrière ses yeux mi-clos, elle l'a senti approcher. Elle tend vers lui une main tremblante. « Maman, je suis là, ça va aller. » Il s'est assis plus près, penché vers son visage pour l'entendre. Elle ouvre les paupières et c'est bien elle qui le regarde intensément, de ses yeux noirs perçants qui savent déjà. Lui ne veut pas savoir. Alors, il lui parle de sa journée, des clients du jour, des noms qu'il a vus ce soir sur le livre des réservations pour un banquet à venir, de quelques projets d'embellissement pour Collonges. Ceux-là, en principe, ne lui font pas peur. Sa main lui fait signe de se taire. Elle déglutit difficilement et murmure dans un souffle :

« Si tu savais comme on a été heureux avec ton père, dans notre petite guinguette sans étoile.

– Je sais, maman.

– Je ne crois pas. »

Elle fait un effort pour se redresser sur son oreiller :

« Sinon, tu ne te tuerais pas à la tâche comme tu fais... à chercher la gloire à tout prix, mon Paulo... Je voudrais que tu fasses attention à toi.

– Maman, je suis en pleine forme, tu vois bien ! »

Et il ne peut pas s'empêcher de penser à cette formule bravache qu'il aime bien déclamer pour impressionner son auditoire : *Travailler comme si j'allais vivre cent ans et vivre comme si j'allais mourir demain.*

« Ton père a trop trimé... Il est parti trop jeune... »

Il la regarde dans les yeux et se lève gauchement avec la conscience de posséder, soudain, un corps encombrant.

« Il faut que tu te reposes. Je t'ai apporté de quoi souper. Tu as meilleure allure aujourd'hui. Je connais un bon régime qui va te remettre sur pied fissa. »

Il a empoigné une assiette blanche ornée du B en or, qu'il pose sur la tablette roulante. Dessus, il dresse un filet de sole doré au gril, qu'il taille en tout petits morceaux en vérifiant qu'il ne reste pas d'arête. Au centre, il dispose un nid de tagliatelles à la tomate et aux champignons.

« J'y nappe bien de sauce ? C'est meilleur. »

Il pense à la chance qu'il a d'avoir vécu toute sa vie avec sa mère, d'être né dans la chambre où il dort encore aujourd'hui. À trois jours près, il naissait le même jour qu'elle, un 14 février. Pas vrai, maman ? D'ailleurs, à tout le monde, il dit que sa mère est née, comme lui, un 11 février. On a le droit de donner un petit coup de pouce au réel, non ? Repose-toi maman, tu n'auras pas à rougir du nom de Bocuse.

Orlando, mai 1983

Faire quelques pas avant l'orage. Pour secouer sa colère. Elle, toutou docile à la solde du maître. Elle n'a rien dit, fait tout ce qu'il attendait d'elle. Comme si on l'avait programmée pour ça, décérébrée. Circuits de la volonté shuntés. Respiration coupée. En apnée depuis quarante-huit heures à des milliers de kilomètres de chez elle. Vraiment trop conne. Regarde-toi. Qu'est-ce que tu peux espérer d'autre ? Elle martèle le sol à pas vifs. Une armée en campagne. Peu importe où elle va, elle avance. C'est sa façon de lutter. Pas vraiment contre lui, surtout contre elle-même. Triple conne de croire à l'impossible. Au moment où elle l'a vu débarquer à l'aéroport, elle a compris tout de suite. Sa gueule de travers, sourcils barrés, la tronche des mauvais jours, ses mots lâchés au compte-gouttes, cette impression si familière d'être au mauvais endroit au mauvais moment. Elle a l'habitude, elle a toujours vécu dans l'antichambre. Chez sa mère, elle avait bien un lit dans la pièce à tout faire, le débarras où on stockait tout ce qui n'allait pas ailleurs. C'est son lot. Corvéable à merci.

Remettre de l'ordre dans sa tête, marcher pour accélérer les heures qui la séparent du premier vol pour Paris. Demain matin, elle aura pris la tangente. Elle glisse la main dans son sac, vérifie pour la énième fois ses billets. Partir, rentrer chez elle. Secouer le destin qui l'enferme dans ce décor de carton-pâte. Malgré son agitation intérieure, rien n'a bougé dans l'ordonnancement des allées du Walt Disney World Resort à Orlando. La fausse France distille son air de vieux monde paisible avec ses toits en zinc, ses trompe-l'œil haussmanniens et sa tour Eiffel miniature. Au loin se profilent d'autres ersatz de pays, transformés en attractions aimables autour d'un lac miroir sans vagues. Oui, les Américains sont les rois du fake. Pas étonnant qu'il se sente chez lui, cet endroit lui va comme un gant. Le royaume des faux-semblants... tes femmes à tiroirs, tes fausses promesses, tes cadeaux en triple exemplaire, ta baraque de nouveau riche à deux millions de dollars. Pas de couilles en fait. Un baiseur sans couilles, un eunuque de la volonté. Ça la fait rire cette expression. Ma mère la prononce tout haut en détachant les syllabes avec l'impression de reprendre le pouvoir. Foncièrement impuissant. Infidèle castré. Elle rit jaune. Chaque trouvaille est une banderille qu'elle plante dans sa chair. Elle pourrait lui écrire noir sur blanc, dans une lettre définitive. Une de plus, qui rejoindrait la pile de celles qu'elle a stockées à la maison quand elle a compris que les lettres qu'elle lui envoyait à Collonges, en précisant « personnel », étaient décachetées par sa femme. À quel moment elle a pu penser qu'il quitterait l'une ou l'autre ? Tout était pipé depuis le départ. Et elle le savait. Elle a avancé tête baissée, foncé dans l'obstacle. S'imagine en taureau titubant dans l'arène, flancs meurtris, poursuivant la muleta. Toujours son sens du sacrifice. Mais cette fois, elle a le sentiment d'être allée au bout.

Un type, veston blanc et casquette gavroche enfoncée sur la tête, allonge une pince métallique pour saisir un papier gras sur un cordon de pelouse rasé de près. Ma mère observe le mécanisme des mâchoires qui s'ouvrent et se referment d'une simple pression à distance. Plus loin, un jardinier penché sur un massif remplace une plante qui donne des signes de faiblesse. Elle pense à ma maison Playmobil avec ses fleurs à collerettes multicolores qui ne fanent jamais. Une ombre passe. Le mirage d'une nouvelle vie s'évanouit sous ses yeux. Le parc s'est presque vidé et les petites mains ont pris le relais pour astiquer le décor avant le prochain lever de rideau. Pincement au cœur. Elle a vu tous ces édifices sortir de terre, comme dans un songe. Elle était là, à côté de Paul, Roger et Gaston, quand ils ont planté le drapeau français au milieu des marécages insalubres. Qui aurait pu penser que, quatre ans après, il suffirait de quelques minutes de marche pour aller des pyramides aztèques aux pagodes japonaises, des châteaux des Vikings à la tour de Pise ?

Là, dès la première heure. C'est elle qui avait persuadé Paul de porter ce projet démesuré à des milliers de kilomètres de Collonges, un complexe de restauration français au cœur de la Floride. De quoi asseoir pleinement sa réputation de chef globe-trotter, de quoi donner à la cuisine française le retentissement international qu'elle mérite. « Trop lourd pour moi, Patricia, il avait dit. Je ne peux pas porter ça tout seul et je ne parle pas un mot d'anglais. » Elle y avait cru pour deux. Elle avait pris le dossier à bras-le-corps, pensé à l'association avec Roger Vergé, qui maîtrisait parfaitement l'anglais, à Gaston Lenôtre pour sa faculté de monter des banquets impressionnants. À trois, entre potes, ils pourraient s'entraider, faire face à l'ogre américain et tirer profit de ce genre d'opportunité qui ne se présente pas deux fois dans une vie. Elle avait monté la structure des Chefs de France, déposé les statuts, négocié avec les partenaires, levé des fonds, établi la ventilation des règlements entre les différentes sociétés. Huit millions de dollars d'investissement, moitié-moitié avec le groupe Hachette. Elle s'était farci les interminables réunions d'avocats où Paul ne tenait pas en place, elle avait fait des allers-retours Lyon-Paris-Miami pour arbitrer les moindres détails, de la taille des petites cuillères à la couleur des pantalons des serveurs. C'était une opération énorme qui leur avait tellement appris. Et pour eux deux, la perspective d'un avenir commun ailleurs, avec la possibilité de m'offrir un jour des études américaines…

Elle repense à cette période euphorique. À la première maison qu'ils avaient louée et qu'ils se partageaient entre chefs. Elle l'avait dénichée au bord d'un des innombrables lacs de Buena Vista, avec ponton et hors-bord, juste à côté de chez Tiger Woods. Ils avaient organisé des roulements pour assurer une présence presque permanente de l'un des trois chefs français. Parfois, ils partaient même tous ensemble en famille. Elle et lui formaient un couple comme les autres. Paul était heureux. Pour ses copains, il faisait une cuisine simple avec les produits de l'hypermarché le plus proche. Il sortait de ses bagages une terrine maison ou un délicieux bocal de filets de harengs qu'il avait préparés et fait mariner à Collonges et ils pique-niquaient tous ensemble au bout du ponton. Ensuite ils allaient faire le tour des lacs en bateau, tous reliés par un étroit cordon d'eau hérissé de roseaux, et ils s'extasiaient sur les énormes propriétés blanches posées sur des jardins éclatants de lumière. Un jour, Paul et elle auraient leur maison. Ce projet les rendait plus vivants encore, leur donnait une nouvelle raison de regarder l'avenir sous le même angle. Ils épluchaient les annonces, traversaient les malls en meublant mentalement leur *home sweet home*. Cette nouvelle maison serait à nous. Il le lui avait promis. À distance du marigot lyonnais, dans un lieu si éloigné de son centre de gravité que personne n'en ferait des gorges chaudes.

En attendant, ma mère avait géré la petite maison des chefs, avec le même soin maniaque qu'elle portait à notre appartement du Joli-Mai. Les courses, le roulement des draps et des serviettes, le grand ménage, l'entretien quotidien des sanitaires, le repassage des chemises... D'autres auraient exigé une femme de ménage.

Elle préférait s'acquitter de ces tâches pour être sûre du résultat. C'était le prolongement naturel de journées de travail intenses qui se terminaient souvent vers 2 heures du matin en compagnie de l'avocat d'affaires, indispensable maillon du dispositif juridique et financier. Un type charmant avec qui s'était tissée une vraie relation de confiance. Il n'avait qu'un défaut, il tapotait sa pipe sur le talon de sa chaussure en éparpillant distraitement les cendres flottantes sur les carreaux propres. Évidemment, elle bondissait dès son départ, pelle et balayette au garde-à-vous, pour redonner au sol sa blancheur virginale. Cette passion de tout briquer faisait partie des choses que Paul admirait chez elle. Il s'en amusait et en tirait même un certain orgueil. Elle se revoit dans l'avion en première classe avec un manche à balai impossible à caser dans la soute à bagages, tandis que Paul expliquait à l'hôtesse, en se marrant, qu'en Amérique ils n'avaient pas trouvé de modèle aussi efficace…

Que reste-t-il désormais de cet ailleurs fantasmé ? Si seulement elle pouvait pleurer pour laver l'affront. Mais son chagrin est sec. Trop d'années qu'elle se lamente sur leur histoire. Sa souffrance s'est transformée en rancœur bien tassée au fond d'elle-même. Chaque espoir déçu est l'occasion de feuilleter le catalogue des promesses non tenues, qu'elle examine une à une comme autant de destinations où elle n'ira jamais.

Hi, good evening. Elle vient de croiser une autre sentinelle de la propreté qui la gratifie d'un large sourire. Yeux tristes, cheveux impeccablement tirés, prénom épinglé comme il se doit au revers du veston. Elle s'appelle Jennifer. Quelle vie peut bien avoir cette femme quand elle quitte ses chaussures et son sourire en rentrant chez elle ? Peut-être trois gamins qui hurlent et un mari affalé sur un canapé vidant des canettes de bière. Cette vision la bouleverse et sa douleur se confond avec celle de toutes celles qui luttent pour exister dans l'ombre des hommes. L'émotion la submerge. Si elle ne peut pas pleurer pour elle-même, du moins pleure-t-elle pour toutes ces femmes qui avancent dans le brouillard. Ses sœurs de souffrance, les malheureuses, les filles mères, les mal mariées, les violentées, les bafouées, le « deuxième sexe » de Simone patientant encore et toujours dans l'escalier de service.

Dans le ciel violet, les nuages se resserrent et l'atmosphère s'épaissit, elle sent l'humidité ambiante à cette sensation de traverser un hammam en plein air, à ses cheveux qui se mettent à gonfler. Les premières gouttes se transforment rapidement en pluie torrentielle, l'obligeant à presser le pas pour se réfugier sous l'auvent d'une maison de trappeur qui abrite un steakhouse. Elle pousse la porte et se dirige lentement vers le comptoir, le temps de formuler au mieux sa phrase pour commander un thé. Le serveur la regarde sans comprendre. Elle répète en appuyant sur le *i. Tiiii !* Cette fois, le type acquiesce, lui renvoyant une question bubble gum aux contours informes. Ses cours intensifs en Angleterre n'ont pas tout réglé. Grâce au séjour linguistique que Paul lui a offert l'année dernière pour lui permettre de superviser les travaux de ce qu'elle imaginait encore comme sa future maison en Floride, elle sait parler ciment, charpente, dalle de béton, mais elle a toujours du mal avec ces situations du quotidien où il faut répondre du tac au tac. Elle s'assoit à une table près d'un palmier en plastique et agite machinalement son sachet de thé dans l'eau chaude. C'est laid et dépaysant. Il y a du monde. Des couleurs, des décibels, de la vie. Elle imagine Paul installé dans la maison des chefs en train de dîner en famille. Sur la toile cirée à carreaux jaunes qu'elle a achetée la dernière fois. Sans parler du lit où ils vont dormir et des draps qu'elle a soigneusement lavés et pliés pour l'autre.

Le souvenir de l'arrivée de Paul, il y a deux jours, lui reste en travers de la gorge. Avant de la déposer comme un vulgaire paquet à l'hôtel, il l'avait accompagnée au restaurant vite fait sur le gaz. Elle le revoit en train de manger sa salade César du bout des lèvres. Rien ne trouvait grâce à ses yeux. Pas bon, pas faim. Tu m'étonnes, Ramone et son fils l'attendaient de l'autre côté du lac pour un deuxième dîner où il mangerait de bien meilleur appétit. Elle avait passé une première nuit douloureuse en se demandant s'il ne valait pas mieux repartir dès l'aube. Et puis elle s'était raisonnée. Elle ne pouvait pas le planter comme ça. Pas correct, pas professionnel. Elle lui avait trouvé des excuses. Il n'était pas totalement responsable du calendrier. Il fallait bien qu'il surveille les travaux de cette future maison, et c'était aussi les grandes vacances… Cette période qu'il passait d'habitude avec sa deuxième famille au Club Med, il la mettait à profit cette année pour gérer ses affaires. Quoi de plus normal ? Laisser une chance au doute, même si tout portait à croire que ce pays était fait pour Jérôme. Qui était-elle pour contrer cette évidence ? Le môme méritait une belle vie. C'était pas facile pour lui non plus. Et chaque fois qu'elle avait l'occasion de passer des moments avec lui, il était adorable avec elle. Paul était dingue de son fils, autant qu'elle de sa fille. Ils se retrouvaient aussi sur cet objectif de leur donner beaucoup plus qu'ils n'avaient reçu. Oui, tout aurait été différent si elle avait accepté de lui faire un enfant. C'était une folie et elle avait dit non. Déjà difficile d'en élever un. Au moins sur ce plan, elle était en train de prouver à sa mère que tout ce qu'elle entreprenait n'était pas voué à l'échec : elle m'avait réussie. Elle en était presque sûre, maintenant que j'étais au lycée et qu'elle voyait poindre la future femme derrière l'ado. Elle pense à moi en regardant deux jeunes filles blondes qui dévorent des steaks-frites. L'année dernière, elle m'a déjà fait venir pour un premier séjour linguistique, et dans quelques mois, elle pourra enfin me montrer cette fameuse maison où elle s'est tellement investie. Après tout, il n'est pas impossible que Paul tienne sa promesse. Pourquoi insisterait-il pour qu'elle intervienne dans les moindres détails de ce nouveau projet s'il n'avait pas l'intention de l'y associer ?

Elle avait passé la journée avec les différents corps de métier pour finaliser la décoration intérieure. Le choc quand elle avait vu l'avancement du chantier en deux mois à peine. C'était l'Amérique et ses projets pharaoniques qui sortent de terre à la vitesse de l'éclair. Le long de la berge, une immense terrasse filante surplombait la piscine, prolongée par une petite plage de sable fin. À droite, un ponton pointait vers l'horizon. Et tout au bout, elle avait repéré un hors-bord flambant neuf amarré, prêt pour le ski nautique. Ce détail, qu'elle avait immédiatement relié à Jérôme, l'avait frappée au cœur. Elle avait marché sur les dalles de pierre qui traçaient un chemin jusqu'à la maison. À l'intérieur, l'espace était immense et elle se sentait toute petite dans ces grands volumes où le béton frais résonnait encore. Elle avait carte blanche pour la décoration. Elle avait joué le jeu jusqu'au bout. Elle avait décidé de la couleur des peintures dans les chambres, choisissant des nuances pastel différentes pour chacune d'elles. Les sols seraient recouverts d'un beau travertin beige rosé. Quant à la pièce maîtresse de la maison, la cuisine ouverte sur la vaste salle à manger, elle avait choisi des placards aux formes arrondies très années 30, d'un joli rose lait fraise pour le clin d'œil hollywoodien. L'espace d'une journée, elle avait presque oublié le contexte, s'abandonnant au plaisir de vivre ce rêve qui la berçait depuis des mois. Mais, le soir, contrairement à ce qu'il avait annoncé, Paul n'était pas venu la rejoindre. Elle s'était sentie obligée de demander à la femme de l'architecte de la raccompagner à l'hôtel. Vu la situation, il était exclu de le déranger en famille en l'appelant à la villa. Et elle n'avait aucun autre moyen de le joindre.

La pluie s'est arrêtée. Patricia n'a pas faim, elle décide de faire un dernier tour dans les jardins de l'hôtel avant d'aller se coucher. La lumière décline, le ciel crevassé garde la trace de l'orage qui gronde encore de l'autre côté du lac. Elle marche en retenant son pas, pour limiter les crissements sur le sol gravillonné. Suspendue. Dans l'attente d'une réponse qui ne vient pas. Tout à coup, elle se fige. Elle vient de voir une forme brune se faufiler sur la pelouse. Un serpent noir à tête triangulaire est passé très vite, à quelques mètres d'elle. Les jardins en sont pleins. Mais elle y voit un signe. Elle marche à côté de sa vie, sur un chemin qui n'est pas le sien. Elle en est sûre. Il n'y aura pas de maison en Floride, pas d'autre perspective que de continuer à faire briller secrètement l'étoile d'un homme qui ne peut rien lui offrir d'autre que l'intensité de l'instant présent. Demain, elle retrouvera son appartement où elle ne manque de rien. Petit, mais bien à elle. Elle remplira ses obligations professionnelles sans laisser prise au moindre reproche. Et elle réfléchira au meilleur moyen de se détacher en douceur. Pour permettre à la légende Bocuse de s'écrire sans elle. C'est tout ce qu'elle a à faire. Peut-il en être autrement ? Elle ne veut pas détruire cet édifice qu'ils ont construit ensemble. Elle n'aura pas sacrifié une partie de sa jeunesse en vain. Elle veut simplement retrouver la sensation d'être une femme libre. Laisser à Paul la jouissance pleine et entière de ses doubles vies. Peut-être même l'aider à faire des choix. Oui, au moment où elle franchit la porte de l'hôtel, elle y croit dur comme fer. Elle est à la veille d'une grande décision. Demain sera un autre jour.

Tant qu'il ne disait pas non, elle entendait oui. Mais je ne pense pas une seconde qu'elle se soit réellement projetée dans cette villa au bord du lac. La vie en short et en tongs, le frigo où on plonge à n'importe quelle heure pour improviser un sandwich englouti en cinq minutes devant la télé, l'humidité ambiante qui s'accroche aux filaos filasses. C'était contre sa nature. Pourtant, pendant toute cette période où elle aidait Paul à édifier son empire américain, le rêve d'un ailleurs floridien planait dans nos conversations. Il y avait même un grand piano blanc qui m'attendait dans le salon et des vélos dans le garage.

L'été de mes dix-sept ans, je suis retournée à Orlando pour découvrir LA maison. Je l'ai trouvée belle et froide, totalement désincarnée. J'ai senti que ma mère n'y serait jamais chez elle. Peu de temps après, au retour d'un énième voyage en Floride, elle m'annonça que Paul avait offert la maison à son fils Jérôme. Il n'y avait pas eu de déclaration officielle. Ma mère avait appris la nouvelle au petit déjeuner, dans ce qui était un peu sa cuisine. Je l'imagine dans la lumière rose du matin, déjà tirée à quatre épingles, en train d'essuyer les verres à jus d'orange pour éviter d'encombrer le lave-vaisselle. Paul est assis en face de Jérôme. Entre deux gorgées de café et un coup de dents dans un pain toasté, il a dû prendre un air détaché comme pour dire passe-moi la confiture, mais c'est tout autre chose qui est sorti de sa bouche, ce sont des mots qui atteignent ma mère en plein cœur, typiques de l'un de ces revirements brusques auxquels elle ne s'habituera jamais. Des mots qui incitent Jérôme à s'occuper des dernières formalités administratives pour mettre la maison à son nom. Ma mère n'a rien dit ce jour-là, les jours suivants non plus. Elle a rapporté son amertume à la maison. Elle a fait mine de digérer mais l'arête était toujours là, bien plantée en travers de la gorge. Les bons jours, la vie l'emportait. Les mauvais jours, elle serrait les mâchoires avec ce masque de résignation qui faisait dire à Paul : « Qu'est-ce qu'elle a ta mère, elle fait la gueule ? » Et il mimait son air bougon et sa façon de marcher, torchon à la main, tête baissée dans le couloir. Jamais il n'a pris la peine de s'excuser ou même de lui donner quelque raison de comprendre. Mais qu'aurait-il bien pu dire qu'elle ne savait déjà ?

Deux ou trois ans plus tard, la promesse d'une autre maison a fait surface, dans la Dombes cette fois. Une petite bicoque à retaper au bord d'un grand étang que Paul venait d'acheter. Celle-là serait facile d'accès, à une heure d'Écully, on irait prendre l'air le week-end, on aurait des vélos dans la grange et on mangerait des fritures de carpe et du bon gibier. Nous avons fait le voyage dans le gros 4 × 4 Mercedes pour repérer les lieux. Paul racontait ses souvenirs, nous présentait les voisins, parlait des travaux à venir. Il était presque convaincant. Et puis, nous n'avons plus entendu parler de rien. À la place, il nous a acheté un chien, un adorable West Highland white terrier, qu'il fallait promener dans le parc du Joli-Mai trois fois par jour et confier à de gentils voisins pendant les vacances. J'ai su plus tard qu'il avait offert, au même moment, un Scottish terrier noir à Ramone. Chacune son fil à la patte.

De mon côté, je prends des distances avec leur histoire. Ma vie de lycéenne se déploie ailleurs. Paul est pourtant bien présent et suit avec attention ma réussite scolaire, dont il conçoit une grande fierté. Il est même décidé à me récompenser si j'obtiens le bac avec mention en m'offrant une Rolex. Non seulement je n'y crois pas, mais je suis complètement opposée à cette idée que je trouve délirante. Pourtant, à l'automne qui suit les résultats de l'examen, une montre dorée m'attend sous le couvercle du piano, posée sur les touches les plus aiguës de la dernière octave. Je pleure des larmes de rage. Ma mère les considère comme un trop-plein d'émotion... Très vite, elle me rassure. « C'est une farce, ma chérie. C'est une réplique chinoise en toc, pas une vraie Rolex. » Le sentiment d'être trompée se superpose à ma première colère. J'en veux deux fois plus à Paul. Quelques mois plus tard, la vraie Rolex arrive, gravée à mon nom et à la date du bac. J'ai eu le temps de m'habituer à l'idée... Bien des années après, quand Jacques Séguéla prononça cette phrase provoquant un tollé général : « Si à cinquante ans on n'a pas une Rolex, on a raté sa vie », j'ai repensé à ce cadeau ironique et somptueux. J'avais eu une Rolex à dix-sept ans, que je tenais du bourreau de ma mère, et je la portais en la cachant sous les manches de mes pulls, certifiant, si d'aventure on en reconnaissait la marque, que c'était une habile copie.

À cette époque, mon refus d'être achetée dominait tout le reste. Je voulais exister ailleurs, contredire d'une façon ou d'une autre les projets qu'on avait pour moi. Dans mes relations amoureuses, je cherchais des situations impossibles alors que Paul m'imaginait avec un jeune homme de bonne famille, bien sous tous rapports. Je le voyais intriguer avec ma mère pour m'aiguiller vers les bonnes rencontres. Je soupçonne même qu'il ait souhaité me voir épouser son fils. Un happy end qui aurait opportunément soudé la famille... Chaque histoire d'amour, au contraire, m'éloignait davantage du microcosme lyonnais, où Paul régnait en maître. Jusqu'à la rencontre de mon mari, qui le connaissait bien pour l'avoir longuement interviewé dans le cadre d'un grand reportage paru dans *Le Matin de Paris*. Avant l'officialisation de notre relation, Paul lui faisait signe chaque fois qu'il venait à Paris. Il lui envoyait même régulièrement une caisse de condrieu pour le remercier du beau portrait qu'il avait fait de lui. Mais dès l'instant où nous avons choisi de vivre ensemble, il a pris ses distances. Vincent est divorcé et il a déjà quatre enfants. Ce n'est pas l'homme dont Paul rêvait pour moi. Ce n'est pas celui que ma mère aurait choisi non plus.

Dans les années 90, nos relations se normalisent. Et pour cause, je vis à Paris et je n'ai plus besoin d'aller à Lyon pour voir ma mère, qui a investi dans un pied-à-terre parisien. Je consacre une partie de mon temps à l'univers de la gastronomie, que j'ai rejoint par une voie détournée, en tant que journaliste et critique culinaire. C'est ainsi que l'idée de me confier l'écriture de sa biographie a surgi, suggérée par Alain Vavro, ami fidèle de Paul et chargé de sa communication visuelle depuis les années 80. « S'il y a une personne qui saura raconter cette histoire, c'est bien Eve-Marie. » Pourtant, j'hésite. En acceptant d'écrire cette biographie de son vivant et en partie sous la dictée de Paul, j'allais déposer les armes, faire enfin allégeance. J'entrerais fatalement dans l'immense armée des vassaux du chef du siècle… En même temps, c'est l'opportunité de publier mon premier « vrai » livre et d'asseoir le rôle clé de ma mère aux yeux du grand public.

Commence alors un véritable travail de dissociation intérieure. D'un côté, j'adopte une approche d'enquête classique, je rencontre une multitude de gens qui côtoient Bocuse, j'ai accès à des archives privées qui recèlent une formidable matière. De l'autre, je dois aller à l'encontre de mes convictions profondes, d'un sentiment viscéral qui me tord les tripes. Mon personnage principal a l'étoffe des héros et je découvre, pour la première fois, un homme que la plupart des gens considèrent comme sympathique, bon vivant, généreux. Un homme que je ne connais pas. Je l'interviewe aussi, bien sûr, à Collonges, dans son fief, où je prends à la fois la mesure de son épaisseur et de son pouvoir. Mais tout ce qui m'irrite chez lui est toujours là et vient s'entrechoquer avec les émotions du passé : son incorrigible grivoiserie – qui pourtant peut m'amuser chez tout autre que lui –, son goût pour la provocation, et encore ses confidences déplacées sur une intimité qu'il se croit obligé de me faire partager.

Paul se comporte avec moi comme si l'adulte avait pris du recul et était en mesure de tourner la page, considérant qu'une connivence est désormais possible. Je ne saurai jamais si, au fond, il a ressenti une certaine jouissance à asservir son irréductible ennemie de l'intérieur ou s'il a réellement considéré *Le Feu sacré* comme la matérialisation d'une réconciliation bienvenue.

Quoi qu'il en soit, cette biographie parue en 2005 m'installe dans le cercle des « spécialistes de la cuisine ». D'autres livres de chefs suivront et bientôt l'occasion de prendre la direction du magazine culinaire *Régal*. Mais plus le temps passe, plus je ressens l'impression désagréable de tirer ma légitimité de l'homme que j'ai combattu toute mon enfance.

La dernière partie de sa vie ne me paraît pourtant pas propice à une remise en cause. Opéré du cœur en 2005, puis de la moelle épinière en 2014, Paul entame un long parcours douloureux dans un parfait état de clairvoyance. Sa maladie de Parkinson gagne du terrain. Il ne contrôle plus son corps – ses mains ne lui obéissent plus, il a du mal à marcher. Emmuré vivant, forcé à l'introspection. Je ne peux pas m'empêcher de penser qu'il paye cash ses frasques et son appétit d'ogre. Dans cette dernière ligne droite, je suis l'évolution de son état à distance, à travers les visites de ma mère à Collonges, qui à sa demande, saute dans le premier train pour Lyon, plus que jamais héroïque et dévouée, sur ce chemin de croix qui n'en finit pas.

Un jour, deux ans avant sa mort, j'ai accepté d'aller le voir. « Ça va lui faire plaisir, ce sera sûrement la dernière fois », avait dit ma mère. Je ne m'attendais pas au choc. Je cherchais l'homme dominateur, narquois, provocateur, insupportable pour un dernier face-à-face. La réalité est tout autre. Plus de coq, plus de toque, plus d'imposante stature. Son corps progresse par saccades derrière les jambes métalliques d'un déambulateur. Ses hanches, noyées sous un ventre étrangement proéminent, semblent échapper à tout contrôle. Ses yeux fous roulent comme des billes noires dans des orbites sèches, derniers restes de vie piégés dans un corps qui trahit. Sa bouche sans lèvres s'ouvre sur des dents toutes neuves forées dans des gencives en ruine. Son sourire figé m'atteint dans un rictus tragique. Je veux oublier ce regard et ce sourire. Ce corps déformé, trop parfaitement taillé pour la compassion qui m'empêcherait de retrouver l'homme d'hier.

Je regarde ailleurs. Ikram, son aide-soignante préférée, veille sur lui. Avec elle, il peut encore s'imaginer séduire et être aimé pour lui-même. Je sens entre eux le genre de complicité qu'impose l'accélération du temps. Plus de faux-semblants, plus de pudeur. À travers ses gestes, ses mots, j'ai le sentiment qu'elle l'absout au nom de toutes les femmes qu'il a fait souffrir.

Cette ultime rencontre entre Paul, ma mère et moi a lieu dans une pièce que je n'ai jamais vue que furtivement, en passant, car l'intimité de Collonges m'est étrangère. C'est la fameuse salle à manger familiale planquée derrière la cuisine, lieu des déjeuners et des dîners avant le service, qui fait aussi office, depuis toujours, de salle du conseil. Les amis viennent partager là le café du matin. Ramone, la mère de son fils, rend visite à Paul toutes les après-midi. C'est elle, et elle seule, qui a le droit de changer de chaîne sur le poste de télévision allumé tandis qu'il somnole. À chacune ses prérogatives.

Cette pièce n'est pas une salle à manger ordinaire. C'est plutôt un cabinet de curiosités, rempli d'objets hétéroclites rapportés de ses voyages. Des cuisiniers miniatures, des bustes plus ou moins fidèles, des médailles, des breloques, des manèges mécaniques, des photos dédicacées, un fatras de bibelots dont certains sont posés sur les étagères et d'autres entassés sur le rebord de la cheminée. L'espace est saturé de souvenirs fondus dans la tapisserie vieux rose. Je me souviens de mon avidité à absorber le moindre détail pour tenter de retracer leur parcours et remplir les vides que ma mère laissait par son absence. D'où venaient-ils quand ils ont rapporté ça ou ça ? Mon regard s'arrête sur un bouddha en porcelaine aux lèvres rieuses peintes en rouge, retenant avec sa main un collier sur le genou gauche et assailli par une ribambelle d'enfants. Je le reconnais aussitôt, c'est la réplique de notre bouddha, celui qui trônait sur le petit secrétaire vert de notre entrée pendant des années. Ma mère perçoit ma surprise et me rappelle qu'il rapportait toujours ces trophées de voyage en trois exemplaires. Un pour nous, un pour Raymonde, un pour Ramone. J'avais occulté cette habitude. Me l'avait-elle vraiment dit ? Rien ne change, finalement, à l'heure de cette ultime rencontre. Mon silence, l'attente, l'envie de partir jouer ailleurs. Il manque juste le goût du thé Earl Grey teinté d'un nuage de lait en poudre. Est-ce cette configuration, nous trois assis autour de la table, qui le déclenche ? Très vite après avoir demandé des nouvelles de mon mari, de mes enfants, il cherche à me provoquer. Des allusions à l'enfant butée que j'étais, il glisse à mes expériences amoureuses, dont certaines péripéties n'auraient jamais dû lui être révélées. J'en veux à ma mère furtivement, à lui, comme toujours. Je ne pense pas une seconde que c'est sa façon de communiquer, qu'il puisse chercher à installer une forme de connivence en évoquant des souvenirs partagés. À cet instant, j'ai de nouveau dix ans.

Alors que je me retrouve seule un moment dans la pièce, je sors mon téléphone et je prends fébrilement des photos des objets qui m'entourent. Pour être sûre de ne rien oublier. Comme si j'étais là au cœur du mécanisme, à l'intérieur de la pendule, dans les rouages intimes de cet homme que j'échoue encore à comprendre. Ikram fait irruption dans la pièce plus tôt que je ne le croyais et, dans ses yeux qui m'interrogent, j'imagine un blâme. Peut-être que je vole une part qui n'est pas à moi, que je ne suis pas à ma place ? Je souris à Ikram pour masquer ma gêne et j'attends ma mère pour partir. Enfin.

Paul Bocuse meurt le samedi 20 janvier 2018. Les obsèques ont lieu le vendredi suivant. Ceux qui ne connaissent pas notre histoire me présentent leurs condoléances, les autres ne savent pas quoi dire. Je prends la plume pour rédiger l'hommage qu'on attend de moi. Je choisis l'image du héros antique pour raconter un destin. Ulysse et ses cuisiniers argonautes, Ulysse et ses voyages, Ulysse et ses femmes… La mythologie me prête ses figures d'airain et je me sers de leur cuirasse pour ne rien dire de personnel.

Seule face à moi-même, je me mets à creuser le passé. Il y a une résidence au milieu des arbres construite comme un théâtre antique. Il y a cette enfant boudeuse et inflexible qui jure de ne jamais rien lâcher.

Pourquoi n'ai-je jamais baissé la garde ? Chaque fois que je m'interroge, d'autres souvenirs plus ambigus ressurgissent. Son regard de jouisseur, d'homme à femmes, que je ressentais confusément du haut de mes dix ans. Indissociable de son goût pour la provocation. Dès que mes premières formes ont pointé sous mes maillots de corps à bretelles, j'ai vu s'allumer dans ses yeux une lueur. Un appétit égrillard qu'il ne cherchait pas à cacher. Une scène emblématique me revient en mémoire. Je suis dans mon bain, chantonnant « Message in a Bottle » de Police, quand tout à coup la porte s'ouvre avec fracas. Paul est là, un appareil photo dans les mains, pour voler une image de cet instant qui n'appartient qu'à moi. Ma mère est sur ses pas pour le retenir. Je hurle « Arrête ! » et je l'entends bougonner comme un enfant puni : « Tu parles ! Y a rien à voir… » Pourtant, jamais je n'ai eu le sentiment qu'il aurait pu ou voulu abuser de moi. Son fonctionnement était assez simple. Il aimait parler cul, il plaisait aux femmes, elles se pâmaient. Il en jouait. Partout et en toutes circonstances, il marchait sur la ligne de crête et cherchait la limite, avec un instinct de conservation suffisamment fort pour ne pas se mettre en danger.

Dans le train qui m'emporte vers Lyon le matin de l'enterrement, je croise certains de ses amis qui font le même voyage. Plus que jamais, j'ai le sentiment de me dédoubler quand il s'agit de partager la douleur des gens qui l'ont tant aimé. Ils détiennent une vérité de Paul qui n'est pas la mienne. Nos silences nous donnent l'illusion de penser la même chose. Et tandis que le TGV avale les collines du Morvan, grandit en moi une sensation de fébrilité, d'impatience douloureuse, de celles qui précèdent les face-à-face décisifs. Quand je monte dans le taxi qui me conduit vers Collonges, c'est comme si la ville se refermait sur moi. Le temps n'a rien aboli des années de plomb. Je suis prise en écharpe entre les façades en pierre, le Rhône et la Saône, Fourvière et la Croix-Rousse. Je ne vois rien de sa beauté formelle, le passé fond sur moi comme un calque sépia. La perspective bourgeoise de l'avenue de Saxe, la poussière rouge des places, les rangées de platanes, la laideur des halles, l'éclat des grilles du parc de la Tête-d'Or... toutes ces images fugitives qui s'impriment à toute allure sur ma rétine me ramènent aussitôt dans mon corps d'enfant.

La Maison Bocuse surgit juste après le pont. J'avais oublié cet emplacement de bord de route, ces rouges et ces verts criards posés comme une étoffe défraîchie dans un ciel triste. Un Paul Bocuse en veste et en toque blanche s'appuie sur le rebord d'une fenêtre en trompe-l'œil. Pouvait pas s'en empêcher. Maintenant, je tremble en montant les marches du restaurant. Je les compte machinalement. Il pleut. Au milieu de la cour, les gerbes de fleurs envahissent le bronze sévère qui fige le chef dans une posture de commandeur depuis trois ans déjà. Ses dernières volontés indiquaient « ni fleurs ni couronnes », personne ne l'a écouté. L'eau glisse sur les emballages en papier cristal. Je lève les yeux sur la fresque des chefs, un autre Paul Bocuse, debout, ferme la perspective, avec Madame Raymonde, sa fille Françoise et son fils Jérôme exhibant un plat surmonté d'un Mickey tout sourires. Le sol pavé qui conduit à l'entrée déroule, gravés dans le bronze, les noms de tous les chefs qui ont remporté le Bocuse d'Or depuis vingt ans. Je pousse la porte d'entrée et je retiens chaque pas pour ne pas troubler la surface de l'eau. J'ai l'étrange impression de fouler un sol sacré, sanctuarisé par l'absence de l'homme qui avait fait de Collonges un temple à sa gloire. Ce fatras baroque de tableaux et de sculptures prend de l'épaisseur. Chacune de ces images de lui-même raconte une tentative désespérée et émouvante de ne pas mourir. Je retrouve ma mère dans la mythique salle à manger. Je salue les membres de la famille et quelques amis proches comme si on s'était quittés la veille alors qu'on ne s'est pas vus depuis dix ans. Il est 9 h 30 du matin. Les cafés tournent de table en table comme dans un manège qui s'emballe. Une excitation douloureuse flotte dans l'air. Tout l'équipage, cuisine et salle confondues, est en veste noire et porte les mots « Merci, monsieur Paul ! » brodés sur la manche gauche. Je frissonne de la tête aux pieds. Un tremblement continu de tous les membres. J'observe, j'absorbe, j'emmagasine chaque détail, comme s'il s'agissait de la dernière occasion de saisir l'inexplicable. Tout se mélange, se superpose, le souvenir d'un déjeuner en famille avec mon mari et mes enfants, le sol en carreaux de ciment qui nous précipite dans les années 50, les étranges séquences d'interviews que je fais avec Paul dans la rotonde, l'imposant pupitre en bois d'où Mme Bocuse a toujours dominé la salle. Ma mère est mince comme une feuille de papier. Secouer cette cape d'illégitimité qui nous colle à la peau, ce sentiment de honte que traînent les bannis même après avoir purgé leur peine. Le temps a arrondi les angles. Après des années de bons et loyaux services, elle fait officiellement partie de l'échiquier familial. Appréciée, ou du moins acceptée à sa juste valeur, elle peut enfin se faufiler entre les murs de Collonges jusqu'au chevet du grand homme déclinant. Dans le milieu de la cuisine, tout le monde sait qu'elle est l'une des trois femmes du chef polygame. Et pourtant, elle continue de se comporter comme une femme de l'ombre, illégitime, en marge de l'histoire, défendant les intérêts et l'image de Paul Bocuse avec la même énergie qu'à ses débuts, mettant un point d'honneur à dire « Monsieur Paul » en public, pour accréditer l'idée d'une relation purement professionnelle. Raymonde Bocuse et sa fille ont pourtant pris acte du rôle de ma mère dans la construction de l'empire Bocuse. J'imagine que tout le monde donnera le change sur ce théâtre où l'on jouera la scène du dernier adieu.

Ma mère est arrivée en début de semaine, elle a participé à l'organisation des obsèques avec la famille. Elle est allée se recueillir devant la dépouille de son homme, installé depuis le début de la semaine dans un cercueil posé sur un catafalque drapé de noir dans la vaste salle de l'Abbaye de Collonges. Elle m'en a décrit les moindres détails. Je vois le corps de Paul au milieu de la caisse en bois, la veste de chef, le col tricolore, la médaille de meilleur ouvrier de France. Son visage doit avoir à peu près les traits de son double de cire exposé au musée Grévin. Il a demandé à être installé au pied de son fameux limonaire, en dessous de la marionnette qui le représente en petit cuisinier, battant la mesure avec une cuillère en bois au milieu des musiciens frappant des cymbales. Je ne peux pas m'empêcher d'admirer son sens de la dramaturgie. Les chefs du monde entier ont défilé depuis 8 heures du matin. Toutes les femmes pour qui il a compté, les officielles et les autres, sont certainement passées aussi. Je pense à la dernière scène de *L'Homme qui aimait les femmes* de François Truffaut.

On annonce qu'il est l'heure de partir. Il paraît que la liste des voitures et des cars est affichée sur la porte d'entrée. Ma mère est dans l'une des trois berlines officielles, je suis dans un car. Un voyage organisé comme il y en a eu tant d'autres. Je vois la silhouette de Paul monter, rigolard, à côté du chauffeur pour annoncer le début des festivités. Sa mort est impalpable. Sur le siège devant moi, un homme sanglote comme s'il avait perdu son père. La Saône défile à ma fenêtre. Il pleut toujours. Le ciel et le fleuve s'aplatissent dans une pelote de gris sales. Une escouade de motards encadre le cortège. Paul voulait être incinéré sans bruit et rêvait d'une cérémonie de village avec une poignée d'amis ; les obsèques seront célébrées à l'église Saint-Jean par le cardinal Barbarin. Et tout ce que la planète compte de grands chefs sera là pour lui rendre un dernier hommage.

Sur la place Saint-Jean, un petit nombre de parapluies balayés par le vent lutte pour assister à la retransmission de la cérémonie sur écran géant. L'église est pleine à craquer. Ma mère me rejoint sur le parvis. Nous sommes guidées par des hommes en noir qui semblent avoir une idée précise de l'endroit où nous devons nous asseoir. Tête baissée, je remonte la nef en fixant les dalles de pierre. Pas envie de sentir la rumeur chuchotant qui nous ne sommes pas. En quelques regards obliques, je repère les têtes couronnées de la cuisine. Ils sont tous là, Ducasse, Robuchon, Gagnaire, Alléno, Marcon… les généraux, les commandants, les lieutenants, les étoilés et les top chefs, les rebelles et les défroqués, français, américains, allemands, italiens, espagnols, suédois, japonais, habillés en veste de cuisinier et col tricolore, pour les plus capés. Je pense à la posture de sage que Paul avait choisi d'adopter, dans la dernière partie de sa vie. La seule façon de continuer à exister pour ne pas être concurrencé.

Quand le cortège entre dans l'église, la houle des vestes blanches change de sens. Le peuple des cuisiniers communie tout entier dans le recueillement. Le cercueil est porté par la garde rapprochée de Paul Bocuse, François Pipala, directeur de salle, et Christophe Muller, son chef exécutif, en tête. L'image est impressionnante. Je pense à cette dimension de Paul que je connais si mal, sa capacité à rassembler, à inspirer, à galvaniser. Je vois ces hommes malheureux et dignes ployant sous la caisse en bois, qui ont décidé de porter leur patron. Ils ont eu la meilleure part.

Nous sommes au troisième rang. Cette hiérarchie que ma mère a intériorisée toute sa vie se matérialise sur les bancs de l'église. Le premier rang est réservé à son épouse Raymonde, à sa fille Françoise à ses petits-enfants et ses arrière-petits-enfants. Au deuxième rang, sa seconde femme Ramone et son fils Jérôme, lui-même accompagné de sa femme américaine et de leur fils, le bien nommé Paul. L'Église s'est toujours parfaitement accommodée de la double vie des hommes. Au cours de l'oraison, monseigneur Barbarin glissera cette phrase pleine de sous-entendus : « Le Christ ne juge pas la femme adultère. » Que dit le Christ de l'homme adultère ? Rien, je crois. Tout commence dans le jardin d'Éden où Ève tente Adam.

Les discours se succèdent et j'écoute à peine. Je ne remarque vraiment que Pierre Troisgros, les yeux mouillés de larmes, tremblant d'avoir perdu son ami de toujours. Je note aussi que Françoise choisit un texte dépouillé de toute référence au repas, au vin ou au partage, comme s'il fallait convaincre son père de passer enfin aux choses sérieuses. Mon regard fait des allers-retours entre le cercueil, où j'ai dû mal à imaginer Paul immobile pour l'éternité, et le grand portrait en noir et blanc qui trône à droite de l'autel. C'est sans doute la plus belle image qu'un photographe ait capturée de lui. Paul fixe l'objectif avec une intensité malicieuse, tempérée par cette douceur qu'apportent la maturité et la certitude d'être à sa place. Il y a aussi cette lueur, comme le reflet d'un émerveillement imprimé sur la rétine, qui raconte le petit garçon espiègle des bords de Saône. Et l'esquisse d'un sourire serein qui ressemble à une main tendue. J'entame un dialogue muet avec cette image, qui se poursuit au moment de la bénédiction du cercueil. Sois pardonné pour le mal que tu m'as fait, au nom du Père, du Fils et du Saint-Esprit.

C'est un beau cimetière de village comme je les aime, construit avec les pierres dorées de Collonges. Situé sur les hauteurs, on y entre par un portail en fer ajouré. Je me dis qu'il sera à la bonne place, ici. Par beau temps, on doit apercevoir toute la chaîne des monts du Lyonnais. Pour l'heure le ciel est bas, toujours cinglé par une pluie battante. Notre petite grappe s'est éparpillée entre les tombes. Beaucoup de gens ont quitté le cortège. Mes pas crissent sur les gravillons de l'allée centrale. Ce petit bruit qui monte de la terre quand on rend visite aux morts. De nouveau, je tremble avec cette impression de me rétrécir de l'intérieur. Le prêtre expédie le dernier discours pour en finir avec ce goutte-à-goutte incessant qui rend inaudible un mot sur deux. Ma mère est en conversation avec Ikram et me fait signe d'approcher. L'aide-soignante qui a veillé Paul jusqu'à la dernière seconde lui tient les mains. Elles sont toutes les deux brunes et menues, chancelantes et discrètes dans la bruine. Et j'entends cette confidence qu'elle ose lui faire à demi-mot. « Patricia », a-t-il dit dans un souffle. C'est à ma mère qu'il a voulu parler au moment de partir. Ikram a promis de le dire et elle tient sa promesse. Je sens monter des larmes douces que je laisse perler pour accompagner la douleur de ma mère.

L'inhumation est terminée. Nous sommes restées un peu à l'écart. Paul a rejoint ses parents dans l'imposant caveau familial orné de pilastres néoantiques. Au sommet du monument, là où d'autres pierres tombales s'ornent de la croix de Jésus, se dresse une statuette représentant le chef, bras croisés, coiffé de sa toque, debout sur la planète Terre.

Le repas qui suit l'enterrement a lieu à l'Abbaye de Collonges, dans la salle qui a vu se dérouler des milliers de mariages, d'anniversaires et de fêtes débridées du vivant de Paul. La brigade a fait honneur à sa mémoire. Les terrines, gravlax, salades russes, gros gâteaux et saladiers de chantilly débordent des buffets. Les gens s'apostrophent, parlent fort, rient même. Il est urgent de faire circuler la vie. Dans un petit salon tout près de la cuisine, les trois femmes de Paul se sont rassemblées, entourées d'enfants et de petits-enfants. Elles discutent comme le feraient des parentes éloignées qui se retrouvent. Rien n'a changé dans ces lieux qui pourtant reposent entièrement sur le pouvoir de l'absent. L'orgue de Barbarie aux dimensions impressionnantes occupe tout le fond de la salle. Passé glorieux et gaudriole. Je repense à son histoire miraculeuse, comme tant d'histoires qui arrivaient à Paul. Il avait d'abord trouvé la façade sans la mécanique dans un dancing du Breuil près de Thiers. Et puis on lui avait raconté que « la musique jouait dans le fond d'un garage ». Alors, en buvant un coup de beaujolais avec lui, il avait persuadé le garagiste de casser le mur. Le système de soufflets avait été planqué par précaution pendant la guerre de 14. C'est ainsi qu'il avait reconstitué cette pièce unique et gigantesque signée Gaudin. J'en avais appris l'origine dans une émission de Jean-Luc Petitrenaud. À moi, il ne l'aurait jamais racontée avec un tel luxe de détails. Il lui fallait un auditoire pour briller. Je revois son petit air de paysan madré qu'il prenait pour parler aux journalistes, son accent lyonnais et ses « voui » mouillés, ses *a* prononcés comme des *o*, ses « Formidable ! » qui le dispensaient d'en dire plus, cette façon de glisser au bon moment une allusion coquine pour emporter le morceau et le sérieux qui, d'un coup, le gagnait quand il parlait de la nature. Cette connaissance intime et instinctive de l'animal ou du végétal était le secret de son talent. Chez lui, un fil rouge continu reliait le produit brut à l'aliment transformé, comme s'il n'y avait pas de barrière entre l'avant et l'après. C'était la dimension la plus impressionnante de Paul. En regardant les figurines en bois peint, je pense à cette étrange opposition qui a toujours déchiré l'homme, son envie de s'asseoir au bord de l'eau pour pêcher le gardon et son besoin de jouer les matadors en enfilant la cape du héros.

L'orgue s'est mis à jouer la fameuse *Marche de Radetzky* chevillée au corps de l'Abbaye. J'ai toujours détesté cette musique de cirque à la gaieté forcée. Les tuyaux soufflent leur sinistre flonflon tapageur. Les personnages s'animent, les hommes en redingote et lavallière pivotent avec des gestes saccadés, les femmes en jupon de dentelles bougent la tête en dardant des yeux morts. Ma gorge se serre et je sens monter la vague qui m'emporte. Paul est parti et je pleure mon passé qui s'enfuit.

Épilogue

Paul est mort depuis trois ans et nous allons changer de cuisinière. La vieille Rosières signée Bocuse s'en va. C'était mon cadeau de mariage. Elle a vécu dans notre cuisine pendant vingt ans. Noir mat, trois cents kilos de fonte et de métal, boutons rotatifs à manettes, cent vingt centimètres de large avec deux fours, quatre brûleurs et une plaque coup de feu, comme ces mythiques pianos de grand-mère qui trônent dans les maisons de famille bourgeoises. Elle faisait le bonheur de mon mari. J'entretenais avec elle une relation complexe. Dans le feu de l'action, sous le choc des casseroles, gaz poussés à bloc, elle remplissait parfaitement son rôle, mais dès qu'elle se taisait, sa masse sombre reprenait le visage de l'ennemi. Bocuse était chez moi. Les images du film publicitaire tourné en 1985 pour le lancement de ce modèle Grand Chef me revenaient en mémoire. Au centre, la cuisinière, éclairée dans le dos et comme enveloppée d'un halo mystérieux à la manière des portraits du studio Harcourt. À droite, Paul Bocuse, bras croisés, toque haute, statufié dans sa tenue de cuisinier. Blanc sur noir. Moteur : il s'approche maladroitement de la cuisinière, pose la main sur elle, formule une phrase que j'ai oubliée, et termine par une tape affectueuse, comme il flatterait le cul d'un cheval, le cul d'une femme, le cul de ma mère. Ça dure quelques secondes, juste le temps de glisser le message destiné à faire sourire le public. Car dans les années 80, un cuisinier qui fait passer les femmes à la casserole, c'est drôle. Je me souviens de mon malaise, à l'époque, vis-à-vis de cet humour qui ne semblait gêner personne. Les femmes vivaient dans la certitude que la relation masculin-féminin était construite comme ça, que la domination avait des fondements génétiques. Aux hommes, la jouissance du sexe tout-puissant, aux femelles, la liberté de se soumettre.

Depuis que la Rosières est partie, remplacée par une Smeg en tous points semblable, mon rapport à la cuisine a changé. Je cuisinais, bien sûr, mais du bout des doigts, avec une sorte de retenue, de distance, de pudeur. C'était comme un refus d'obstacle. Il y avait toujours une recette écrite, un livre ou un écran entre le plat et moi. Le besoin d'une médiation. Dix fois, je revenais à la liste des ingrédients, au déroulé des étapes, incapable de retenir les grammages, les volumes, de mémoriser les gestes. J'étais spécialiste des gratins, parce qu'ils n'exigent aucun investissement personnel. Je mélangeais, je parsemais de fromage, j'enfournais et ça gratinait. Ce n'était pas vraiment de la cuisine, c'était de l'assemblage. La cuisine, la vraie, implique une présence à l'ingrédient, une attention amoureuse, une mobilisation de tout le corps. Quand on fait revenir des oignons, il ne faut rien manquer de ce qui se passe dans la casserole. Garder un œil sur la coloration, guetter la transparence qui précède un léger hâle, sentir l'effluve alliacé, signe avant-coureur de la concentration aromatique, et mélanger vivement avant l'excès de brunissement. Plus tard, on peut quitter la pièce un instant, à condition de continuer à imaginer le processus de cuisson : perte en eau, rétractation des chairs, réaction de Maillard… La cuisine est un jeu sur l'élasticité de l'atome. On concentre, on resserre, on allonge, on délaye.

Avant, je me contentais de saler et de poivrer. Maintenant, j'ouvre les pots à épices, je cherche à associer des nuances, je combine mentalement le curry avec l'estragon, la coriandre avec le safran. Autrefois, j'analysais les parfums pour le plaisir de déguster, aujourd'hui je cherche à recréer chez moi les combinaisons flatteuses repérées dans les restaurants. Je vole d'une casserole à l'autre, je débite les légumes à toute vitesse en rentrant les phalanges de la main gauche, comme les chefs, pour prévenir les coupures. Je sais inventer un plat en partant de rien. Aucun ingrédient n'accroche par hasard au fond de la casserole. Un secret instinct m'avertit de la nécessité de remuer, de saler ou de verser un filet d'huile d'olive.

Paul Bocuse a quitté cette terre et la cuisine est vraiment entrée dans ma vie.

Cet ouvrage a été composé
par Nord Compo
et achevé d'imprimer en France
par CPI BRODARD & TAUPIN *(72200 La Flèche)*
pour le compte des Éditions Stock
21, rue du Montparnasse, 75006 Paris
en septembre 2024

PAPIER CERTIFIÉ

Stock s'engage pour l'environnement en réduisant l'empreinte carbone de ses livres. Celle de cet exemplaire est de :
350 g éq. CO_2
Rendez-vous sur www.editions-stock-durable.fr

Imprimé en France

Dépôt légal : septembre 2024
N° d'édition : 01 - N° d'impression : 3057937
14-51-0893/7